2019 年度河北省社会科学重要学术著作出版资助项目
河北省社会科学基金项目：HB16YS012

彭城古磁州窑建筑文化

马玉洁　龙丽民　杨彩虹　孙伯航　王中华　著

中国建筑工业出版社

图书在版编目（CIP）数据

彭城古磁州窑建筑文化 / 马玉洁等著. — 北京：中国建筑工业出版社，2020.6

ISBN 978-7-112-25074-5

Ⅰ.①彭… Ⅱ.①马… Ⅲ.①瓷窑遗址 — 建筑文化 — 磁县 Ⅳ.① K878.54

中国版本图书馆CIP数据核字（2020）第072682号

本书从建筑文化的视角，对古磁州窑地区的窑场建筑、居住建筑、商贸建筑、庙宇与祭祀建筑等进行了研究、分类、归纳和总结，重点从各类建筑的保存现状、功能布局、营造技艺、装饰美学等几个方面进行了分析，探讨了古磁州窑地区的建筑美学和文化。

本书可供广大建筑学专业师生、建筑历史研究者等学习参考。

责任编辑：许顺法
责任校对：王　烨

彭城古磁州窑建筑文化

马玉洁　龙丽民　杨彩虹　孙伯航　王中华　著

*

中国建筑工业出版社出版、发行（北京海淀三里河路9号）
各地新华书店、建筑书店经销
北京点击世代文化传媒有限公司制版
北京建筑工业印刷厂印刷

*

开本：787毫米×1092毫米　1/16　印张：11¾　字数：240千字
2020年11月第一版　2020年11月第一次印刷
定价：50.00元

ISBN 978-7-112-25074-5
（35818）

前　言

磁州窑是我国民窑陶瓷艺术的杰出代表。1982年，由中国硅酸盐研究会编写的《中国陶瓷史》，对磁州窑给予系统、科学的总结和论证，明确指出“磁州窑系是我国北方最大的民窑体系”，并提出“磁州窑主要分为漳河流域的观台与滏阳河流域的彭城镇两个区域”。“磁州窑”称谓的提出，给予了我国北方民窑体系一个科学的、符合实际的概括。

古彭城是磁州窑发展历程中重要的中心窑场。陶瓷窑场的发展受到原料产地、河流水源、交通运输等条件的制约，由此导致窑场中心会随着环境条件的变化而进行迁移。磁州窑的中心窑场有过3次变迁。据叶喆民先生推断，临漳曹村（北齐）是最早的窑场中心，后辗转于峰峰临水（隋唐）、磁县观台（宋金），直至明时期的彭城古镇。彭城位于太行山东麓，是晋、冀、豫三省交界的地带，自古是商贾往来通道；境内太行山余脉石鼓山纵贯，滏阳河水发源其中，形成了山川秀丽的地理风貌，得天独厚的地理位置和丰富的原料资源都为彭城窑场的发展提供了必备条件。时至今日，曹村、临水、观台三处窑场遗迹几乎消失殆尽，而彭城窑场遗存的数量较多、原真性强，对于磁州窑系具有重要的文化史料价值。

彭城古磁州窑建筑遗存具有重要的历史意义。磁州窑不仅以独特的制瓷技术和装饰艺术影响了中国及世界陶瓷艺术的发展，更以其高度的哲学意蕴、隽永的艺术理念、丰富的文化内涵，影响了彭城的窑场文化。磁州窑建筑遗存是历史信息的记载，是磁州窑文化弥足珍贵的物质史料。磁州窑古窑场作为陶瓷生产的特殊建筑群落，是早期手工业生产的历史见证，它既展现了陶瓷研磨、加工、烧制等工序流程的工程特点，又蕴含着我国北方制瓷的民族智慧、民族精神。窑场的建筑功能的演进与民俗文化相生相息，不仅体现在窑场生产性建筑中，还影响了当地传统民居、商贸建筑、祭祀庙宇的营建。因此，独特的窑场文化孕育了磁州窑完整的建筑文化群落。

“彭城古磁州窑建筑”涵盖甚广，本书凝练并明确此概念。全书从古磁州窑建筑文化的视角，对彭城地域的窑场建筑、居住建筑、商贸建筑、祭祀建筑等进行研究、分类、分析、归纳和总结。书中重点从保存现状、功能布局、营造技艺、装饰美学等几方面对其进行解读，再现了古磁州窑的建筑美学和窑场文化。书中亦对文化传承中最活跃的因素——人进行了采访和记述，以期在文化的活态遗传方面有所作为。谨希望通过本书的出版，拓宽磁州窑系文化及遗产研究范畴，关注窑场文化的建筑遗存，为相关陶瓷史的研究提供一些参考。

感谢任双合、刘立忠、刘志国、闫宝山等磁州窑大师，原邯郸市博物馆馆长郝良真，中国磁州窑艺术博物馆馆长张林堂及同事，峰峰矿区文管所所长赵立春等，以及众多的彭城磁州窑艺术创作者对本书写作的帮助。

本书主要参编人员还有陈晓卫、闫涵、孟淑华、杨艳、王优、赵一博、孙鹏宇、武宇清、杨佳楠等，他们在调研和编写过程中付出了艰苦的努力。在此对他们表示深深的感谢。

本书论述远不全面，相关研究也有待深入，所以殷切期望相关人士对本书中存在的错误或不妥之处提出批评。

目　录

第一章

窑场及建筑文化

作为北方民窑生产地的磁州窑，自其生产中心从磁县观台镇迁址到峰峰县彭城镇后，带动了当地和陶瓷业相关的各种生产活动、商贸活动以及相应的生活活动。为了保障陶瓷生产的正常进行，各式各样的建筑物如雨后春笋不断涌现。尤其是陶瓷制作的窑场，占了当地建筑量的大部分。

如今，在彭城镇几乎没有完整保留下来的窑场，但在一些窑场遗址中还有与制瓷相关的建筑遗存，包括窑场内的建筑、窑场外的水碾等。馒头窑和工作洞作为窑场建筑的主要组成部分，散落在彭城镇各处。

在很多文献记载中，都有对彭城窑场和建筑的描述。1922 年《大中华直隶省地理志》中记载，当时在彭城镇有碗窑 235 座，缸窑 30 座；在《彭城磁州窑大遗址保护调查》（2010 年出版）中，记载了彭城镇当时制瓷建筑遗存（馒头窑、工作洞等）有 102 座窑，8 处堆渣山（有些地面遗存消失，地下还有待发掘）。史料记载滏阳河上曾有 20 多座水碾在加工釉料。而如今我们调研彭城镇有馒头窑 24 座，工作洞 30 条，水碾仅黑龙洞村有 1 处。调研建筑遗存数量与文献记载数量差距较大。制瓷建筑遗存这些年由于没有受到重视正在快速消失，相关研究保护迫在眉睫。

对彭城制瓷建筑历史沿革、遗存现状、窑场功能分区进行调查研究，分析馒头窑、工作洞平面、结构和建筑艺术特色，有助于磁州窑制瓷建筑基础资料的补充，为建筑遗存保护提供研究基础。

第一节　窑场的自然及社会成因

一、自然因素

彭城镇的地理位置与气候、地质与地方材料、河流、自然灾害等因素对彭城镇传统磁州窑建筑遗存都有较大的影响。

1. 地理位置与气候

彭城镇位于河北省南部邯郸市西部（图 1-1），下辖 17 个行政村，全镇总面积 36.57km^2，位于华北平原腹地，地处太行山脉东麓。镇北侧有滏阳河。滏阳河向北流经邯郸、邢台、衡水，在沧州的献县与滹沱河汇流为子牙河，最终经天津流入渤海水域，曾经是瓷器向北经水运远销国外的重要通道。彭城镇西邻太行山脉滏口陉，连通山西，东部地区地势平坦，道路四通八达，便于陆运。彭城镇地理位置优越，交通便利。

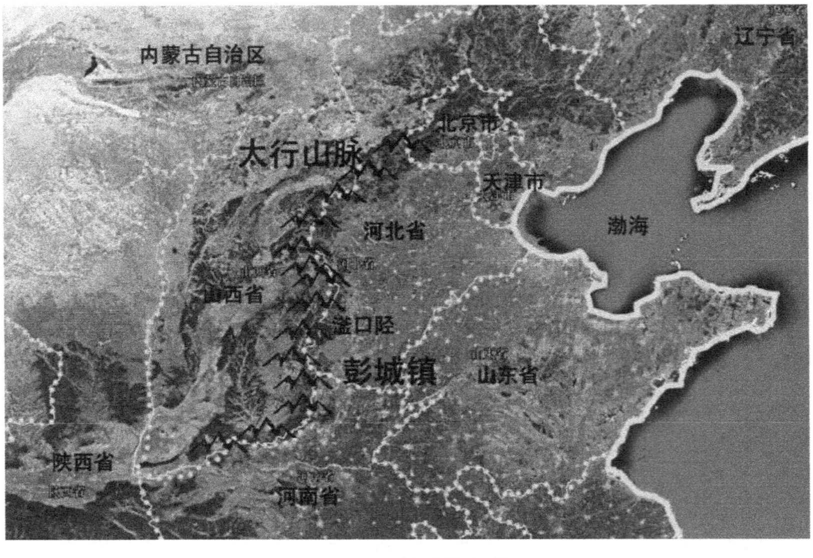

图 1-1　彭城镇位置
来源：作者绘

彭城镇位于暖温带半湿润性地区，属大陆性季风气候。四季分明，水热同季，干冷同期，干湿季明显。春季干旱多风，回暖迅速，光照充足，太阳辐射强，日较差大；

夏季炎热多雨，盛行偏南风；秋季降温快，日较差大，气候凉爽；冬季寒冷干燥，雨雪较少，盛行偏北风。

年平均气温 13℃，冬季冻土层一般厚 20cm。全年降水集中在夏季。该地区风力资源较为丰富，并随着季节变化而盛行不同风向。春季多为偏南风，夏季多为东南风，秋季多为偏西风，冬季为寒冷干燥的西北风。而窑场内的窑炉门洞受寒风影响较大，躲避寒风来向，防止灌进冷风，吹坏刚烧制好的瓷器。

2. 地质与地方材料

彭城镇东、西两侧邻近太行山脉东麓。在 4 亿年前，这里是一片浅海，沉积了大量碳酸钙，凝固成 900m 厚的石灰岩。经过地壳运动，华北平原上升成为陆地。大约距今 3 亿 ~ 2 亿年期间，地壳又重新下陷，形成沼泽、湖泊。地面有节奏地上升和下降，蕨类植物不断地生长死亡，被泥沙掩埋后形成一层煤和黏土矿，之后又上升成为陆地。直到距今 1 亿多年时，这里的地壳发生了强烈的造山运动，把厚厚的岩层弯曲折断，形成了一系列南北向的背斜或向斜褶皱构造。

正是这样的地壳活动，才使得太行山脉东麓地区矿藏十分丰富，成为我国著名的焦煤和天然矿石产区之一，峰峰地区更以煤炭生产为当地发展方向。当地有大量硫铁矿、煤炭、耐火黏土、石灰石、大理石等，以及制瓷所需的大青土、二青土、碱石等（图 1-2）。彭城镇有当地制瓷的原料，又有燃料煤炭，这些都是彭城镇作为中心窑场的必要自然条件。而当地的耐火黏土可承受窑炉内高温，同时又是窑炉的建筑材料。

大青土 产地：张家楼　二青土 产地：彭城　黑釉土 产地：羊角铺村　碱石 产地：车往口

图 1-2　原料图及分布

彭城镇地处太行山脉东麓，属于丘陵地带，树木、草植分布广泛且丰富。早期，磁州窑烧制瓷器是用树木、草植为燃料，每烧一窑瓷器都需消耗大量柴草，树木植被一度匮乏。因此，当时磁州窑窑炉体积都较小。宋代，煤炭在中国得到大规模开采和普遍使用，煤炭代替了柴草。烧制一窑的瓷器可以使用较少的煤，烧成温度更高，在后期的发展中，窑炉体积开始逐渐变大。

3. 河流

磁州窑生产的瓷器属于易碎品。若用陆地车运，运载量小，瓷器破损率高；而用河道水运，船舶装载量大，平稳度高，瓷器破损率可以降到很低。彭城镇北侧的滏阳河，是当时磁州窑瓷器的主要运输河流。在彭城镇，商贸建筑遗存邻近滏阳河分布，方便瓷器在滏阳河沿岸装载运输至码头，并最终运往各个地区。

滏阳河发源于峰峰矿区羊角铺村西白龙池，系由元宝泉等 72 泉汇合而成的河流。彭城位于滏阳河源头地区。滏阳河流经邯郸并向北到沧州献县与滹沱河汇流，称子牙河。全长 403km，流域面积达 2.05km^2。在宋、金、元时期，滏阳河原为漳河的一条主要的支流，滏阳河是漳河的分支水系。但是进入明代后，随着彭城逐渐超越观台等窑场，瓷器外运的需求增加以及漳河水患的影响，官府实施了以人工将滏阳河水改道的工程❶，把滏阳河从漳河水道中分流出来，免受漳河水患的烦恼。

4. 自然灾害

影响彭城镇制瓷业和建筑发展的自然灾害主要有旱涝和地震。

1）旱涝

旱涝是较为频繁的灾害性天气。磁县全年降水分配不均，雨季集中。《磁县志》中记载："磁县，自隋代始，灾害较为严重。隋 602 年至 1948 年年间，发生水灾 240 次。"漳河灾害频繁，河水泛滥成灾（表 1-1），同样也影响到彭城镇滏阳河。明代滏阳河改道，不再和漳河交汇。

洪涝灾害记录（宋代至明代）　　表 1-1

时期	受灾情况
北宋端拱元年（公元 988 年）	七月，漳、滏二水涨
北宋元丰七年（公元 1084 年）	八月，磁州诸河水汛溢，毁城郭、军营、庐舍
北宋绍圣元年（公元 1094 年）	冬，漳河溢
元至元九年（公元 1272 年）	淫雨，河水并溢，圮田庐、害稼
明永乐十三年（公元 1415 年）	六月，滏、漳二水漂磁州民舍
明成化十八年（公元 1482 年）	秋，漳、滏水俱溢，磁州城漫漶倾圮，存者十有二
明嘉靖三十二年（公元 1553 年）	大水，民饥，磁州滏阳石桥因山水暴涨，忽坏其半
明隆庆三年（公元 1569 年）	大水，漳、滏二河大溢，涌入南门，平地水深数尺，庐舍漂溺，群情惊怖，哭声四起
明万历三十五年（公元 1607 年）	闰六月，大水，漂溺人畜无数

❶《刘志国磁州窑论文集》中谈到磁州窑北方陶瓷的水运航线，记载了滏阳河改道及原因。

2）地震

彭城镇位于华北平原沉降带西部边缘，太行山东麓的冲积平原上，处于地震活动断裂带上。据《磁县志》中记载："自唐乾符四年（877 年）起至解放前，县境内共发生地震 9 次，其中破坏性地震 1 次（余震多次未记），为道光十年（1830 年）的大地震。"县志记载的这次破坏性地震震中就在彭城镇，是 7.4 级的大地震。

据清代《磁州续志》记载："道光十年闰四月二十二日，地震。是日戌刻，有声轰然自西北来，陡觉平地如小舟在大风浪中倾侧颠簸，纬时土崩瓦解声、人之喊声哭声一起并作，至对面不闻人语。移时少息，旋又大作。如是者达夜。是后虽仍常动，而声响渐次较轻。其地震时，中地段两缝，长数十丈，宽五六寸，涌出黄黑沙土。井水皆漫溢横流，漳滏两河涸皆见底。祠庙、衙署、民居坍塌十之七八，大小男女压毙者甚众。奇灾也！"这次地震共计死伤 5485 名，倒塌房屋 20 余万间。主震后六月二十六日又发生一次强余震，所剩房屋全部倒塌。

地震之后，彭城地区的房屋倒塌，居民无处安身。若要在短时间内建设大量房屋，建筑材料的供应成为亟待解决的问题。当地居民便利用制瓷过程中产生的废料，例如笼盔、煤渣等填充墙体。借助就地取材的建造方式，彭城民众得以重建家园。

二、历史因素

研究彭城镇古磁州窑建筑必须先了解其历史的发展与变迁。本书从磁州窑和彭城镇的发展历史这两方面，探寻传统磁州窑建筑遗存的发展与变化。

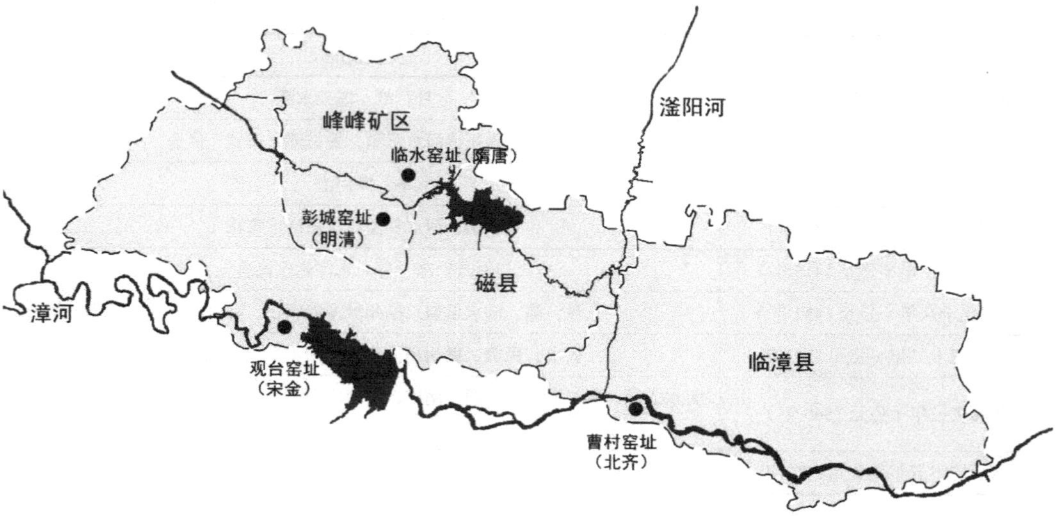

图 1-3　磁州窑窑场中心地理位置变更示意图

来源：作者绘

1. 磁州窑的发展历史

磁州窑具有庞大的窑系，悠久的历史。早在7500多年前的新石器时期，我们的祖先就已经在漳河两岸繁衍生息，开始制造和使用夹砂陶器，创造了璀璨的“磁山文化”。磁州窑经历了各朝数代，吸收佛教艺术、道教艺术等，再融入各时期民族文化和审美理念，经历漫长的发展，跟随社会的进步，加上陶瓷技术的创造革新，最终在唐宋时期，磁州窑各产区凭借高超技艺生产出精美的瓷器，达到鼎盛时期，以生产白釉黑彩瓷器著称于世，并一直延续发展至今。

彭城镇是后期的磁州窑中心窑场（图1-3）。磁州窑在不同历史时期，中心窑场有不同的地点，中心窑场均邻近原料产地、河流水源等，利用自然优势发展壮大。磁州窑中心窑场的分布可分为四个主要阶段，分别有不同的代表性窑址（表1-2）。

代表窑址烧造时间表　　表1-2

编号	窑址	北朝	隋代	唐代	五代	宋代	金	元代	明朝	清朝	至今
1	曹村窑	√									
2	临水窑	※	√	√	※	※	※	※			
3	观台窑				※	√	√	※			
4	彭城窑					※	※	√	√	√	※

注：“√”表示作为中心窑场的时期，“※”表示延续时期。

第一阶段——曹村窑址。

在北朝时期，以邺城（现临漳）曹村窑址为中心。曹村窑址位于漳河流域，在这一时期大多烧制陶器（图1-4、图1-5），在后期才逐渐产生青瓷。在曹村窑址当时是以柴草作为燃料[1]，窑炉虽不大，但制瓷需消耗大量木柴。

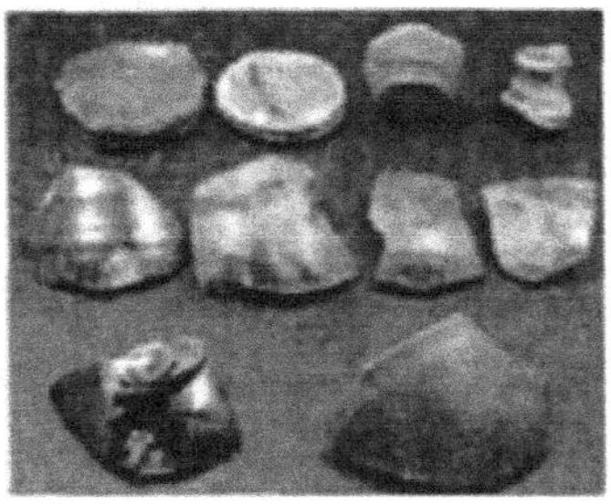

图1-4　曹村窑址酱釉陶器

来源：互联网

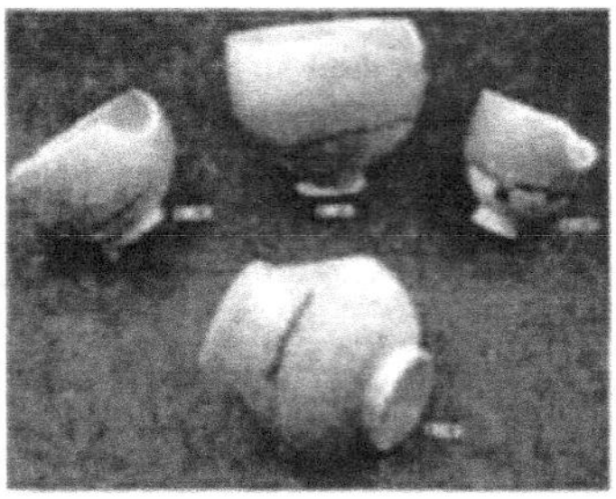

图1-5　曹村窑址青釉瓷器

来源：互联网

[1]《中国历史文化名城——邯郸》一书中记录了曾在彭城镇以西15km，发现北朝至隋代的青瓷窑址。窑址断面有厚达30cm的柴灰层，中间夹有青瓷和支烧工具，并有大块木炭，断定当时以木炭为燃料。

根据叶喆民先生“北朝时制瓷手工业的中心在邺”的论断[1]，推测曹村窑很可能是当时的中心窑场。对比当时北贾壁窑和临水窑，不管是始烧时间还是烧制器物的品质，曹村窑都更胜一筹。但随着邺城在战争中被焚烧，曹村窑址也遭到了毁灭性破坏，窑场内建筑遗存没能保留下来。

第二阶段——临水窑址。

在隋唐时期，以临水窑为代表。临水窑址位于今峰峰矿区的临水镇，邻近滏阳河。临水窑在这一时期以生产瓷器为主。

临水镇在北朝时期属邺都的“京畿之地”，邻近邺都，水陆交通便利，商贸繁荣，陶瓷也随之逐渐兴起。临水窑始于北朝，历经隋唐宋金元，并延续下来。临水窑贯通了磁州窑的前后阶段，具有重要的作用。但临水窑在之后的社会发展中并没有得到很好的保护，如今已没有窑场建筑遗存。

第三阶段——观台窑址。

在宋金元时期，以观台窑为代表。观台窑紧邻漳河流域。北宋初年，随着冶铁的发展，官府允许民间买卖煤炭。煤炭逐渐被用作烧制瓷器的燃料开发利用，窑炉的结构也随之发展变化。

这时期的瓷器种类繁多（图 1-6），是瓷器生产技艺的集中体现，被陶瓷学者广泛研究。其独特的白釉黑彩深受人们喜爱，成为磁州窑符号，名扬世界各地。观台窑代表磁州窑的鼎盛时期水平。观台镇有丰富的制瓷原料和燃料煤炭，以资源丰富、运输便利的优势发展壮大，但后期受到漳河水患影响较重，发展受到遏制，窑场不再使用，也没有得到保护。如今观台窑已没有窑场建筑。

图 1-6 观台窑繁荣时期白地黑花瓷器

来源：作者摄

第四阶段——彭城窑址。

在明清时期，以彭城窑为代表。彭城窑在峰峰矿区西侧，邻近临水窑，并紧邻滏阳河。由于漳河流域水患频发，观台窑深受其害，便逐步向彭城迁移。彭城从宋代便逐渐发展壮大，成为磁州窑的烧造中心。在明代彭城继续发展扩大，设立有官窑 40 余座和官坛厂，开始向宫廷进贡瓷器。清代康熙《磁州志》载，“彭城滏源里居民善陶罂之属，舟车络绎售于他郡”，又造就另一波繁荣时期（图 1-7）。

在民国初年，青花装饰替代了磁州窑的白地黑花。虽然产量巨大，但由于失去自

[1] 王建保在《磁州窑考察纪略》中引用叶喆民先生的描述，得出曹村窑址是北朝时期中心窑场的推断。

身的特色，磁州窑开始走下坡路。如今，磁州窑逐渐注重传统制瓷技艺的传承，具有文人气质的磁州窑瓷器白地黑花特色的质朴美，已逐渐被大众被接受并欣赏。

2. 彭城镇的发展历史

彭城镇因其当地丰富的瓷土、煤炭等自然资源，又邻近滏阳河便于航运，从宋代开始烧制瓷器，并在明清时期成为磁州窑中心窑场。彭城镇从宋代发展至今，其间不曾中断。因为磁州窑是生产百姓用瓷的民间窑场，不像官窑受朝代更迭影响大，又因其发展时间较晚，且一直持续发展至今，目前当地仍保留有不少传统磁州窑相关的建筑遗存。

图 1-7 彭城镇窑址、街市照片

来源：作者摄于磁州窑博物馆

最初，煤炭是不允许在民间销售、使用的，直到宋代，才允许民间使用煤炭。煤炭的普及对磁州窑的发展有很大的促进作用。使用煤炭之前，馒头窑用柴草作为燃料烧制陶瓷。燃烧煤炭产生的热量，需要燃烧更多的柴草才可以达到，所以在使用煤炭之前，大量树木草植被砍伐，柴草在当时都是稀缺的。《续资治通鉴长编》记载，在宋时“嬗州浮桥用船四十九只……请自秦陇同州伐木，磁、相州取铁石及石炭，就本州造船”，可以看出，当时需要从外地购买木柴作为燃料，并通过河流从陕西秦陇水运而来。直到宋代以后，彭城镇因煤炭资源的便利，得以快速发展。自从改用煤炭为燃料，彭城镇馒头窑的窑炉结构和平面布局在扩大、更新和进步。

在宋金时期，观台为磁州窑中心窑场，彭城镇在当时无法和观台媲美。但是从宋代开始漳河水患频发，严重影响观台的陶瓷运输，也大量损坏沿河建筑。彭城镇在这一时期逐渐崛起，明代时滏阳河改道，摆脱漳河水患影响之后，在明清时期一跃成为磁州窑中心窑场。

3. 社会因素

彭城镇传统磁州窑建筑还受到社会各方面因素的影响，诸如朝廷的匠籍制度、变化的市场经济、交流的外来文化等。

1）社会制度——匠籍制度、官窑设立

（1）匠籍制度。蒙古族属于游牧民族，手工业落后。在其统一中国之后，新国家的发展需要各种各样有才能的工匠，于是制定了匠籍制度，集中人才。在陶瓷业方面，具有陶瓷技艺的工匠聚集在一起，统一生产国家需求的陶瓷产品。而元定都于大都，政治中心北移，使得磁州彭城镇占尽优势，得以发展壮大。

匠籍制度的推行，使得彭城镇集聚了各方的人才，并在当地组建诸多窑场，如“张家造”“滏源王家造”“申家造”“刘家造”窑场等（图 1-8），彭城生产的瓷器有很多题款。不同的窑场之间生产的瓷器相互竞争，不甘落后，更促进了彭城镇瓷业的进步。彭城镇内有德高望重的匠户为首领，替官府负责组织陶瓷业的生产、协调、修庙、祭神等活动，带领彭城镇向更好方向发展。

图 1-8　窑场印记

来源：作者摄

（2）官窑、官坛厂。磁州窑以制造民间瓷器而闻名，士大夫等文人雅士在初期并不欣赏磁州窑生产的瓷器。直到明朝时期，康熙年间的《磁州志》记载，“彭城厂，在滏源里，明制于此设官窑四十余座，岁造磁坛，堆积官坛厂，舟运入京，纳入光禄寺”，彭城镇开始生产进贡的官瓷。朝廷官窑的建立，促进当地制瓷的兴盛。官坛厂是暂时存放需要运输瓷器的场所。朝廷对当地瓷器的喜爱，也让磁州窑的瓷器在民间流行开来。

2）社会经济——市场经济

彭城镇为民间窑厂，其生产销售不受官府管控，属于自由市场经济，瓷器的生产和销售在行会的协调下，由市场自由价格所引导，各窑场根据市场需求，生产不同数量、种类的瓷器。窑场之间价格的竞争，更促进彭城镇窑厂各显其能，各窑口发掘自身特色，主要生产枕、缸、瓶、餐具等日用瓷。在彭城镇有一句俗语，“打破碗别着急，彭城街里一块泥”，说明当地瓷器价格低廉，可以被老百姓普遍接受和使用。

彭城镇有专门销售瓷器的商业街，有碗市街、砂货巷等，百姓或外来的商人在商业集市购买需要的商品。外来的商人来到彭城镇需要吃饭住宿，在商业街附近也有酒肆、茶楼、旅馆等满足生活需求。这些构成了彭城镇完整的商业模式。

3）社会文化——本地、外地

磁州窑建筑还受到社会文化的影响，包括磁州窑制瓷文化及其他外来文化。彭城镇有很多外来人口，他们的到来也带来了文化融合。经历各朝数代，不同时期的文化交流、融合、发展，才形成如今彭城镇。

（1）磁州窑文化。彭城镇长时间受到磁州窑制瓷文化的熏陶，对美有独到的认识，对艺术也有不懈的追求。“形而下者谓之器，形而上者谓之道”，磁州窑在装饰瓷器时，有山水、虫鱼、鸟兽、花草等自然素材，也有诗文、寄托、祝福、愿景等情感表达，制瓷工匠们通过图文装饰表现文化心理与精神理念（图 1-9）。

磁州窑文化对国内外的影响广泛。其影响不仅在华北地区，更是遍布全国。陶瓷学家冯先铭先生认为，北方窑工为了躲避战乱南迁为景德镇带去了白釉黑花陶瓷装饰

图 1-9 磁州窑瓷器

来源：作者摄

技法。在日本福冈等地区均出土过磁州窑化妆白瓷，很多国家喜爱磁州窑瓷器，现今国内外很多博物馆收藏有磁州窑瓷器。

窑场建筑最能体现磁州窑文化内涵。窑场内保留有院落、建筑，可展现各工艺之间的衔接。建筑选择废弃的笼盔为材料，在满足保温需求的同时，又装饰了建筑的外表皮。建筑外形及细部等处理，体现了磁州窑实用美学的追求。

（2）其他外来文化。彭城镇的发展吸引了很多外来工匠，工匠的流入，带来了外地的文化和生活方式。在彭城镇居住区域内，分布有众多的大大小小的庙宇。据统计，彭城镇庙宇有 40 余座，外地工匠的到来为此地带来了不同的文化信仰。这部分在后文中会有所描述。

磁州窑的发展容易受到民间瓷器潮流的影响，从宋代开始，磁州窑逐渐摆脱宗教的束缚，开始追求自然美。金元时期，瓷器品种愈加丰富，文化百家争鸣。明清时期的吉祥如意的审美意识，当时在彭城镇也发展至高峰。磁州窑甚至还受到外国陶瓷科技文化的影响。这种充满外来活力的精神文化内涵，与时俱进的文化精神和审美理念，使得磁州窑文化不断发展前进。

第二节 历史沿革及遗存现状

一、历史沿革

彭城镇从宋代开始发展，因其邻近原料产地，又邻近滏阳河运输航线，窑场等制瓷建筑便在彭城镇快速发展起来，主要分布在彭城镇居住区的外围（图 1-10）。因其运

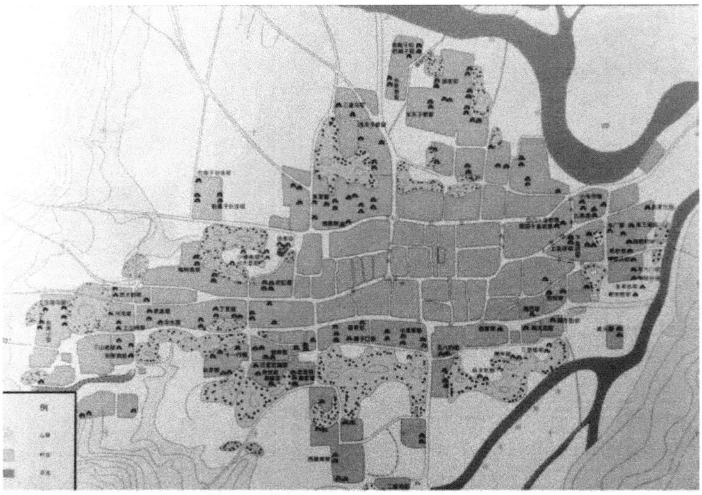

馒头窑（窑场）　　煤渣山

图 1-10　彭城古镇窑址、煤渣废料分布图

来源：作者摄于磁州窑博物馆

输原料、燃料频繁，又产生大量烟雾，在外围分布对居住区干扰相对较小。随着窑场生产活动的进行，也产生出大量煤渣废料，因其不好清理便逐渐在窑场周围堆积，从而形成小山包，当地称为煤渣山。随着时间的推移，虽然制瓷工艺、装饰手段不断进步，但制瓷工艺流程总体却没有发生较大的改变。制瓷工艺流程是决定建筑功能，并影响窑场内建筑分布的重要因素，流程没有改变，窑场建筑分布规律也没有发生大的改变。

二、遗存现状

据史料记载，彭城镇曾分布有很多窑场，但在 1949 年后，随着制瓷工厂的快速崛起，传统的制瓷业失去竞争优势，很多窑场被废弃，不再使用。许多制瓷建筑遗存在彭城镇建设的过程中被大量拆除，原址用于开发新的楼盘。侥幸留下来的制瓷建筑遗存大多没有被保护，任其风吹雨打、日晒雨淋，很多已经坍塌。如今，彭城镇保留下来的制瓷建筑更少，且呈现逐渐消亡的态势。

彭城镇如今基本没有完整的窑场被保留下来，只有窑场内主要的建筑如馒头窑、工作洞分散在城镇各处（图 1-11），主要集中在城镇西南部和东北部。与图 1-10 彭城古镇窑址分布图对比，彭城镇镇域不断扩大，西北部、东南部地区如今是城镇新建设的区域，这些区域中的制瓷建筑被大量拆除。旧有的建筑遗迹也都处于城镇的中心位置。经过不完全调查统计，彭城镇现有馒头窑 24 座，工作洞 30 条，水碾只有 1 处，位于鼓山东侧峰峰矿区滏阳河南岸（图 1-12）。整体数量同文献中记录的鼎盛时期数据相差较大。其中盐店遗址博物馆、富田遗址现为全国重点文物保护单位，遗址遗存保存较为完整。其

图 1-11 彭城镇馒头窑、工作洞分布图

来源：作者绘

图 1-12 水碾位置图

来源：作者绘

余大多数制瓷建筑都处在保护不力或无人管理境地。调查过程中，当地研究学者和制瓷匠人口述了制瓷历史及建筑过程，我们对个别建筑进行了详细测绘，采集了大量的照片和影像，并对馒头窑、工作洞的分布、现状及特点做了梳理和汇总（表 1-3、表 1-4）。

馒头窑现状调查汇总表 表 1-3

编号	数量	时期	现状
①	2 座	元、清、民国	该处属于盐店遗址博物馆，全国重点文物保护单位。2 座馒头窑，外形完整，内部结构保留原状。如今窑炉内部区域不对外开放。一座元代，一座清代，其中清代馒头窑，认定为烧缸的窑炉，地上地下空间保留完好
②	10 座	明、清、民国、近代	该处位于富田遗址，全国重点文物保护单位。内部有 10 座馒头窑，其中 4 座明代窑、3 座清代窑、1 座清末民初窑、2 座近代窑，外形完整，有些窑址年代较久，结构出现问题已不能进入。由于年代不同，可以观察馒头窑在不同时期的形态

续表

编号	数量	时期	现状
③	1座	明	如今发展为小豆湾窑制瓷手工艺作坊，私人所有，馒头窑保留下来并保护起来，外形完整，内部被填平，窑炉内已没有窑床和燃烧室的功能结构，失去传统窑炉内部空间形式，对外开放
④	2座	清	如今位于彭城镇内卖菜集市上，街道两旁为一层平房商店，2座馒头窑相连，当地称其夫妻窑。窑外形保存完整，但被商店遮挡住大部分，内部填平，被改为商店仓库，失去传统窑炉内部空间形式
⑤	1座	※	调研时，馒头窑无人修缮、坍塌严重、内部脏乱。如今修建磁州窑艺术街区时，该馒头窑也得到修缮，外形完整，但内部填平，失去传统窑炉空间形式
⑥	2座	清	当地称为黄家窑，位于民居之中，两座相邻。一座外形保存完好，内部被填平，空间杂乱，无人管理，失去传统窑炉内部空间形式；另一座外部有些坍塌，内部结构受损
⑦	1座	※	位于杂草之中，外形残缺，已有部分坍塌，结构受损，无人管理
⑧	1座	※	位于私人民居中，建筑外形完整，内部填平，失去传统窑炉空间形式，成为杂物堆放的场所
⑨⑩⑪	1座	※	无人管理修缮，外形残缺大部，坍塌严重
总计	调研彭城镇馒头窑共24座		

现调研发现的馒头窑实况图片

①号馒头窑

②号馒头窑

③号馒头窑

④号馒头窑

⑤号馒头窑

⑥号馒头窑

⑦号馒头窑

⑧号馒头窑

续表

⑨号馒头窑	⑩号馒头窑	⑪号馒头窑

※ 表示时期不明。

来源：作者绘

馒头窑现状特点：

存在现状：如今馒头窑①、②号为文保单位，保护完好，是当地仅存保留完好的，具有传统馒头窑内外空间形式；⑤号馒头窑在彭城镇街区改造时，进行了外形的修缮保护。③、④、⑩号私人所有，得到修缮保护，但窑炉内部结构不再存在。在私人改造时，改造者多根据自己的需求喜好进行更改，④号馒头窑改造时，只考虑商业需求，内外部空间破坏严重。⑥、⑦、⑧、⑨、⑪号馒头窑无人管理，内部脏乱，外部坍塌。总体来说，彭城镇馒头窑没有规范的保护机制，当地保护形式单一，且重视不够，对其研究、保护迫在眉睫。

材料方面：彭城镇在明代以前，馒头窑多用砖石砌筑；清以后，馒头窑较多采用砖、石并加入笼盔混合砌筑。

体积方面：明以前馒头窑体积较小，清以后，馒头窑体积变大，产量提升。馒头窑体积的大小与瓷器产量和瓷器品种有关。馒头窑有些单独存在，也有的2座窑相连，共用燃烧室、召井。

结构方面：馒头窑炉结构独具特色，内部构造相似，烧造方式相同。

工作洞现状调查汇总表　　表 1-4

编号	数量	条数	现状
1	1处	5条	位于盐店遗址博物馆，5条工作洞相互连接，建筑外形完好，建筑结构保留原状，地下部分已看不到，如今内部为古作坊遗址，对外开放
2	1处	5条	富田遗址有5条内部相连的工作洞，建筑外形完好，内部结构保留原状，对外开放，如今还保留有地下采暖结构和外部召井，是彭城镇保留较完整的工作洞。但如今已不用烧煤采暖，内部为传统制瓷作坊
3	1处	3条	该处有3条内部相连的工作洞，如今临街一侧为商业门市，内部为传统磁州窑制瓷作坊。外形完好，建筑结构保存完整，地下部分已看不到
4	1处	1条	单独存在1条工作洞，内部脏乱、堆放杂物，无人管理。如今禁止进入，建筑外形较完整，已看不到地下部分

续表

编号	数量	条数	现状
5	3处	3条	该处有3条单独存在的工作洞，均为私人所有，有一处为民居住宅，有一处为艺术展区，还有一处闲置。建筑外形完整，内部保留原状，已看不到地下部分
6	1处	1条	存在于民居中，建筑外形较为完整，工作洞无人管理
7	1处	1条	存在于民居中，建筑外形完整，工作洞无人管理
8	1处	1条	单独存在的1条工作洞，外形完整，但四周堆放大量杂物、垃圾，内部堆放杂物，无法进入，已无地下部分
9	1处	1条	存在于民居中，建筑外形较为完整，工作洞无人管理
10	1处	1条	位于当地商铺林立的彭常大街东侧，建筑外形较为完整，工作洞无人管理
11	2处	2条	该处私人所有，与⑩号馒头窑位于同一个院落，有2条单独的工作洞，如今为磁州窑手工艺体验区。院内一条工作洞，结构出现问题，需要支撑，调研时正在修复。另一条工作洞外形完整，内部保存较好，已无地下部分
12	1处	3条	同⑥号馒头窑在一起，如今仅剩3条相连的工作洞，是传统磁州窑制瓷作坊，建筑外形完整，结构保留原状，但已无地下部分
13	1处	1条	在民居院落之中，建筑大部分都处于地下，露出顶部完整，如今周围堆满垃圾，工作洞无人管理
14	1处	2条	位于前街上，建筑街面为当地民居建筑外形，建筑内部及顶部为工作洞结构，建筑外形完整，结构保留原状
总计	调研彭城镇工作洞共30条		

1号工作洞

2号工作洞

3号工作洞

4号工作洞

5号工作洞

6号工作洞

7号工作洞

8号工作洞

9号工作洞

续表

<table>
<tr><td>
10 号工作洞</td><td colspan="2"> 
11 号工作洞</td></tr>
<tr><td>
12 号工作洞</td><td>
13 号工作洞</td><td>
14 号工作洞</td></tr>
</table>

来源：作者自绘

工作洞现状特点：

1、2 号工作洞为文保单位保护，3、5、11、12 为私人所有，建筑注入新的商业活力，整体保存较好。其余工作洞无人管理，而且大多工作洞存在于民居之中，建筑没有使用且保存较差。总体来说，工作洞内空间完整，建筑内部空间灵活，可自由划分，建筑注入新的功能，活化内部空间，拥有新的活力。工作洞保护形式多样，但由于没有引起当地重视，很多保存较差。对工作洞的研究和保护也迫在眉睫。

材料方面：彭城镇内工作洞为砖、石、笼盔混合砌筑，各条工作洞之间材料相似，差别不大。

内部空间方面：内部通畅，平面为长方形。工作洞有些是单独存在，也有些多条连接，体积巨大。工作洞长度有所差别，大多是 20 ~ 30m 不等。

结构方面：工作洞建筑结构独具特色，各条构造形式相似。

第三节　窑场功能分布及工艺流程

一、窑场的选址

窑址的选择主要取决于制瓷要求的地质条件、水陆运输条件和柴煤资源条件，即

“依山就水，柴草可烧，土石可选，有水可用。柴草为要，水次之，土石再次之”。中国北方古代陶瓷产区围绕黄河流域和太行山脉两侧，形成“一横两纵”的格局。一横两纵即以黄河流域的窑场耀州窑、临汝窑、北宋官窑、汝窑为横轴；以山西大同窑、浑源窑、盂县窑、介休窑（洪山窑）、长治窑为左纵轴，以密县窑、登封窑、焦作窑、鹤壁窑、磁州窑、邢窑、定窑为右纵轴。

峰峰彭城处于右纵轴，位于太行山东麓，是晋、冀、豫三省交界的地带。境内太行山余脉石鼓山纵贯，滏阳河水发源其中，形成了山川秀丽的地理风貌。在鼓山南端，隔滏水与横卧东西的神麓山对峙形成的峡谷，是西通太行山的八陉之一“滏口陉”（陉：连山断处，即豁口，谓之陉），此地自古是商贾往来通道，可往西穿越太行至山西，东经武安东下华北平原，北上北京、天津、渤海湾，南下苏州、杭州、上海，东过广府至山东，得天独厚的地理位置为彭城窑的发展提供了条件（图 1-13）。

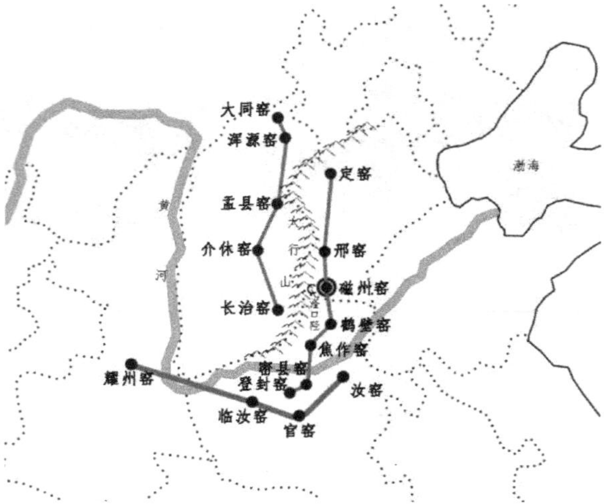

图 1-13　彭城磁州窑地理位置示意

来源：作者绘

丰富的黏土是彭城窑的基础原料。彭城地形南北较长，斜向伸至盆地。由于地质变迁，经过海水冲刷、沉积、风蚀等过程，形成的黏土含高岭土成分较多，适合制瓷。黏土种类繁多、产量丰富，包括深海成黏土（青土、白土）、浅海成黏土（砂子、砂器土）、风成黏土（普通砖瓦土）等，还有适合成器的半耐火土（笼土、缸土）、耐火土（缸砖土）等 。

水陆运输促进了彭城窑陶瓷销售与文化的传播。陶瓷产品轻且易碎，彭城窑销售运输主要靠漳滏两河水运。水上运输北路：漳滏两河—北运河—子牙河—黄骅港（或直沽港）—渤海—朝鲜—日本。水上运输南路：漳滏两河—卫运河—大运河—扬州港—临安（杭州）—明州港（宁波）—东南亚—西亚—欧洲。而陆路可经“滏口陉”，由彭城（磁州）—山西—陕西—河西走廊—新疆—中亚—西亚—欧洲。近年来河北省大名、巨鹿、献县、沧州，以及辽宁绥中海域等地古代河道沉船或海底出土了大量的古代磁州窑产品，印证了磁州窑产品外销文化带的存在。

富足的煤矿成就了彭城窑的兴起。观台窑早期使用柴烧，金、元之际，随着磁州地区森林资源大量减少，加之战乱的频繁发生，导致中原地区生态环境破坏，观台窑因柴薪供应不及，烧造技术革新不成被迫熄火。相对而言，彭城窑场煤炭资源丰富，在窑炉设计建造和烧造工艺方面迅速转变，完成了从柴烧到煤烧的历史过渡，成就了彭城窑“千年窑场”的陶瓷神话。

二、窑场的功能分区及工艺流程

调研过程中，对彭城镇现存的 4 处窑场，以及调研发现的馒头窑、工作洞等建筑进行了详细的建筑平面测绘，拍摄了大量的照片和影像。磁州窑窑场是用于陶瓷生产的建筑群落，窑场内的建筑既符合陶瓷生产加工的工序流程，又融入我国北方陶瓷民俗文化、民居建筑和生活习惯等。窑场是瓷器生产功能和民俗文化相结合的形式，是磁州窑特色建筑群落。如今，彭城镇已没有完整窑场，窑场内功能分区可根据窑场老照片（图 1-14）和传统制瓷流程进行推测。

图 1-14　窑场老照片

来源：作者摄于中国历史磁州窑博物馆

磁州窑制瓷生产工序（图 1-15）为：取碾瓷土→淘洗瓷土→炼泥→拉坯→成型→上釉→装饰→阴干→入窑烧制，最终出窑完成。窑场的布局依据生产工序，分为四大块：原料制备区、坯品制作区、窑炉烧造区。还有为烧窑服务的管理、买卖、储存、生活服务等附属功能区。窑场内各建筑与室外场地连接紧密，功能结构合理，减少生产路线交叉带来的不便，从而形成了独具特色的窑场建筑空间。

磁州窑经历了宋、元、明、清四个朝代，窑场作为古代用于生产的特殊建筑群落，窑场建筑功能的演进与民俗文化相结合，是中国磁州窑陶瓷发展史的重要组成部分。传统的建窑工匠在窑址选择、窑场布局、建筑结构及建筑材料选用等方面，不仅积累了精湛的建造技艺与创意，同时形成了朴素而智慧的生活观，体现了陶艺民俗文化与宗教信仰的意蕴。

图 1-15　磁州窑制瓷工艺流程

来源：作者摄于中国历史磁州窑博物馆

窑场从选址、结构布局到动工兴建，都会请风水先生加以勘定。宋、金观台遗址中窑群密集但错落有致；明清时期彭城窑拥有数百座碗窑、缸窑。窑场内外场场相接，建窑的每家由窑场大门方位定五行吉凶，选好方位，还要择源开井，之后的建设开工也必须选吉日鸣炮庆祝。窑场中心供奉窑神，建窑、装窑、烧窑、开窑必先跪拜窑神，祈求好运。窑神：相传其名为白灵，是主宰砖瓦窑的神灵，彭城窑场家家供奉。依据场地和经济条件不同，有的兴建房屋，有专门的龛位；有的仅一张桌案即可。

窑场的布局除了风水理论的影响，还需要考虑自然条件和生产流程的需求，包括风向、排水、采光、运输等因素。一般窑场根据工艺流程主要分为四个区域：原料制备区、坯品制作区、窑炉烧造区、柜房及其他附属建筑（图 1-16）。考虑场地排水和风力火势的影响，窑场宜居高地，以窑炉烧造区为主位，其他分区围绕分布。窑炉烧造区包括馒头窑和周围留有的空地，用于堆放燃料和渣料、废料和垃圾。坯品制作区的工作洞前要有晒场，场地尽量向阳避风。在一些文献中强调工作洞坐北朝南，但在实际调研过程中发现，工作洞更多是顺势而为、见缝插针，坐北朝南很难保证。原

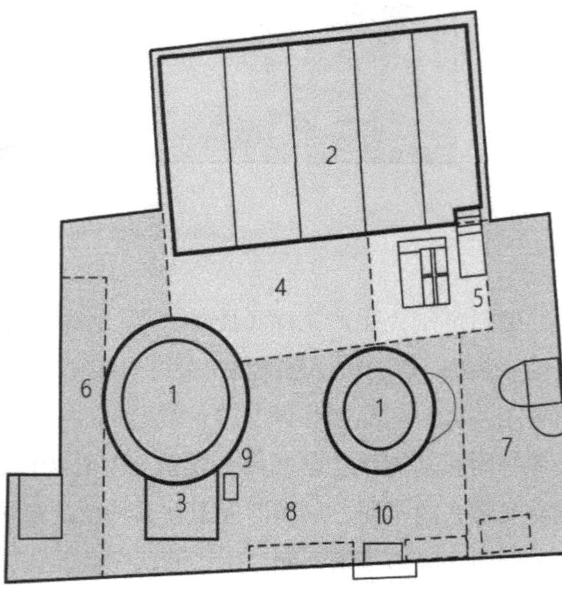

图 1-16　彭城盐店遗址平面分区

1- 馒头窑；2- 工作洞；3- 地火；4- 晒场 5- 原料制作区；6- 渣场；7- 原料堆放区；8- 柜房；9- 窑神；10- 入口

注：虚线表示复原部分，实线表示原有建筑

来源：作者绘

料制备区与窑炉烧造区距离较远，一方面分区明晰，互不干扰，另一方面避免水火不容之忌。附属建筑里较为重要的是柜房，它是窑场的办公用房，主要负责账务和对外业务，一般会设在相对安静的地方，方便观察窑场活动及与外界联系。

第四节　制作建筑

工作洞是制瓷工匠制作坯体的地方，也是窑场内主体建筑之一。一般来说工作洞很少单独存在，大多都是几条洞连在一起，建筑十分壮观。工作洞要满足制瓷的需要，有其独特的构造形式和建筑外形特色。

一、工作洞的建筑布局

窑场从选址、平面布局到动工兴建，都会循天时、因地利，并请风水先生加以勘定。窑场根据工艺流程主要分为四个区域：原料制备区、坯品制作区、窑炉烧造区、柜房及其他附属建筑区（图 1-17）。工作洞位于坯品制作区，洞外有晒坯场。工作洞，又称窑洞、泥洞，视其烧造的器物又被称为碗洞、缸洞。它是窑工主要的生产活动空间，在此完成拉坯、凉坯、上碱、旋足、上釉、绘画等工序（图 1-18）。洞外的晒场用陶土夯实、层层平整，是用于晾晒坯品或装窑开窑时摆放产品的场地。遇到大件器皿的上釉，如缸、盆，也会在晒场上完成。所以工作时窑工需要不断往返于工作洞和晒坯场之间，鱼贯出入，热闹非凡。

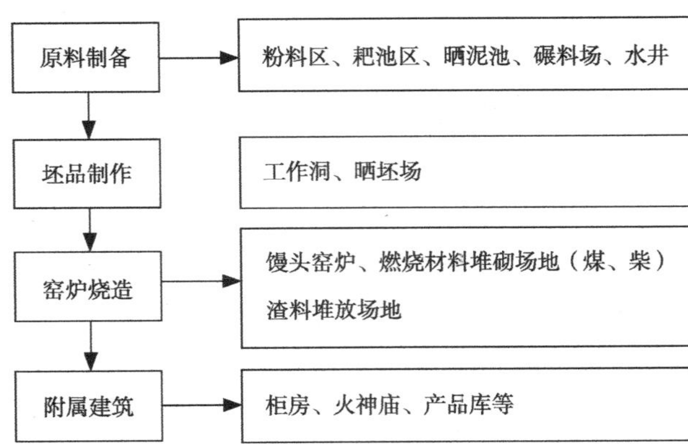

图 1-17　彭城磁州窑窑场分区组织图

来源：作者绘

直至民国时期彭城窑场建造频繁[1]，几乎是家家建窑、窑窑相连、洞洞相接。工作

[1] 民国时代在《大中华直隶省地理志》磁县乡镇记载有：磁县“西乡彭城镇磁业矿业利源丰富，为本县菁华。民国 11 ~ 12 年，磁窑增至 235 座，缸窑 30 余座。从事陶瓷生产的陶工有 5000 人左右。年产碗 500 万件，缸 70 多万件。行销范围达东北、华北、西北计十三省二市”。按每荮 20 件计，碗的产量达到 1 亿件。而缸的产量是全国第一。

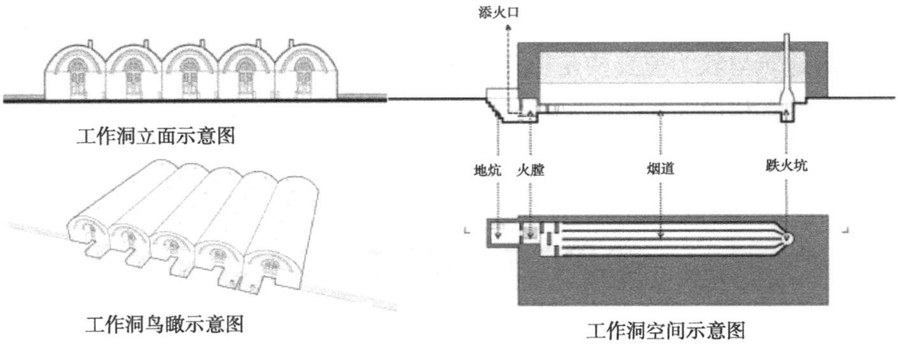

图 1-18　工作洞立面及地下空间示意图
来源：作者绘

洞相互纵向排列而成，少则三五条，多则八九条。彭城本地相传曾有 18 条工作洞相连如卧地巨龙。经调研发现，现存保护完好的工作洞当属盐店遗址，有 5 洞相连。工作洞在布置上入口朝向没有固定，由于室内的温度和湿度恒定是建造关键，所以并不苛求南向采光，多是针对自家地形安插建造，各窑场视经济条件、烧造器物、场地规模的需要而有所不同，所以场地平面形制规格不一，但基本工作流程大致相同。

二、工作洞的功能空间

工作洞的功能空间主要分为地面上和地面下两个部分。地面上主要包括由洞墙(墙腿)、拱券围合而成的工作区（图 1-19），在拱券端头及中部墙体上开设出入口，在拱券顶部开设透气孔（天眼）和烟囱等;地面下为基础和用于冬季采暖的火道,也叫地火。地火由地火坑、添火口、火膛、烟道、跌火坑组成。如盐店遗址的工作洞，是保存较为完整的案例（图 1-20）。

图 1-19　工作洞外立面测绘
来源：作者摄

图 1-20　盐店遗址工作洞外景
来源：作者摄

彭城窑场的工作洞借鉴了我国北方黄土高原民居——窑洞的建筑特点，外形为卧地式半圆形拱券建筑。工作洞长 20 ~ 30m，宽 5 ~ 7m，洞顶开 3 ~ 5 个直径 30cm 的圆形通风透气孔，称为天眼；洞壁（墙腿）厚 1.5 ~ 2m；洞顶高 3 ~ 5m。洞宽和洞高主要取决于洞内制作的器物尺寸，如缸坯宽大一些，一般制缸的工作洞要高一些。地火可以区域设置或满铺设置。区域设置的方式较为常见，铺设一半的面积，宽度为 2 ~ 2.5m（图 1-21）。

工作洞的建造形式与当地的气候条件和陶瓷工艺的要求是相关的：厚实的侧墙增加了建筑的保温隔热能力，利于室内保持恒温恒湿的环境。地火在冬季发挥着重要的作用，不仅保证了室温的恒定，同时满足了晾晒坯体的需要。调研发现，屋顶的圆形透气孔很多已经被改建成 40 ~ 60cm 的方形透气孔，主要是为了扩大采光的需要（图 1-22）。之前留下的烟囱洞口很多还依旧保留。随着时代变迁，工作洞地上空间保持完好，地下建筑部分均已经被填埋或是废弃。部分工作洞改造成当地陶瓷工艺的展室或者工作室，内部的功能空间变化较大。

图 1-21　工作洞内景

来源：作者摄

图 1-22　方形透气孔

来源：作者摄

三、工作洞的建筑材料

陶瓷手工业的生产是“火中取财”，所以建筑防火尤为重要，建筑材料主要是砖、石。彭城地域石材丰富、煤产富足，本地砖窑自产自销，为窑场建造提供了基础条件。除此以外，生产过程中的废弃材料，如笼盔、煤渣，被建造工匠就地取材，变废为宝，巧妙地应用于建造当中。尤其在道光十年（公元 1830 年），彭城遭遇地震，窑场几乎毁坏殆尽，笼盔碎片、陶瓷碎片、煤渣、碎块也应用在现存的工作洞中。

彭城因烧造陶瓷所产煤渣堆积成山。窑场的煤渣含大量碳分子和有机质，不易风化。建造匠人将煤渣与石灰混合成浆来使用，铺设洞顶，俗称“锤顶”。后发展了粉煤灰再利用技术，制成灰坯代替砖垒成各种规格的墙壁。笼盔，是窑场用来装烧瓷器的窑具，主要功能是将窑火隔离于器物之外，使其免受窑火直接烧烤（图 1-23）。笼盔是高度为 30 ~ 60cm 不等，直径为 20 ~ 40cm 的圆柱体，强度大、耐高温，有中空隔热保温的作用，被应用在如墙体、火塘炉煸、防水面层、排水设施中。其他废砖、碎块主要用作墙体填充材料，俗称“填馅”。

彭城建有砖窑，建窑专用材料的烧制相对便利。工作洞的砌筑用到两种砖：一种是普通砖，另一种是异形砖。普通砖的规格 26.4cm × 12.5cm × 5cm，主要用于承重墙的砌筑和外立面发券。异形砖是窑场匠人自创规格，主要应用在工作洞结构主体“无模具拱券”部分。长边约 26cm，短边 24.5cm，斜边长约 17cm，长边和短边厚度略有差异，长边厚度 5.7cm，短边厚度 5cm（图 1-24）。抹灰材料有三种：破灰泥、白灰泥（石灰膏）、池嘴泥（破灰泥）。黄土加白灰，3∶1 硬化后坚硬耐潮，用于基础和洞腿砌筑。

图 1-23　笼盔
来源：作者摄

图 1-24　异形砖
来源：作者摄

据中国盐店磁州窑遗址博物馆馆长刘立忠先生口述，池嘴泥有耐火耐高温的性能，用于地火。材料来源于耙池过滤口处的瓷土。“口”同“嘴”意，故称池嘴泥。异形砖抹灰用石灰膏，依靠异形砖的湿度和石灰膏凝结时间来增强粘结强度（图 1-25）。

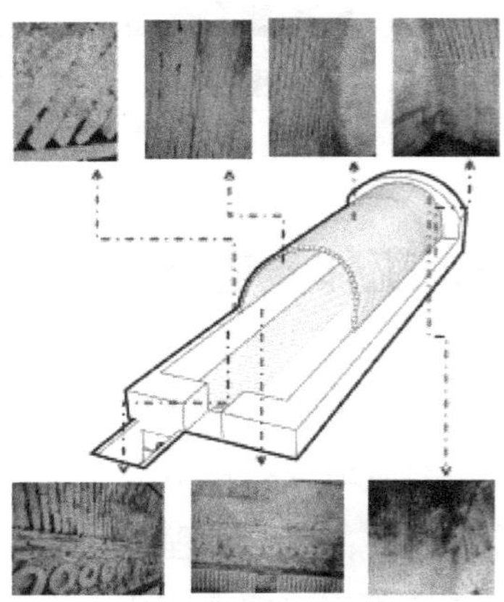

图 1-25　工作洞拱券局部图示
来源：作者绘

四、工作洞的结构

工作洞结构精巧，主要包括地面上的“无模具拱券”和地下地火设施两个部分。彭城地域紧邻滏阳河畔，常遭河水洪溢和地震灾害。工作洞在反复的修建—破坏—再修建的过程中不断提高自身抗震强度，形成了“宽墙腿+无模板拱券”的结构形式，极大地扩大了工作洞的面宽。“无模板”砌筑拱券的建造技艺在中国建筑史中也实属罕见。

工作洞下做条形基础，宽 1.5 ~ 2m，深 2.5m；采用石材、笼盔加灰泥垒成。侧墙和背墙首先砌筑，由洞内地面起砌高度约 1.2 ~ 1.5m。当地人称背墙为“鞍头”，侧墙为“腿”。“腿”正截面呈梯形，上宽 1m，下宽 1.5m。“腿”上起拱筑洞。由于当时建造精确度低，起拱发券不一定是规则的半圆形形态，梯形厚实的墙腿有效地平衡了拱券的侧推力。起拱材料使用专用异形砖，异形砖按照外长内短、上长下短的方式向洞内背墙倾斜 5° 角砌筑。起拱可以由一人从单侧发起，也可以由两人从双侧发起（图 1-26）。砌筑青砖匠人是大师傅（大匠）完成。每贴一块青砖按照贴泥、粘贴、敲实三步完成。敲实要求做到快、稳、准。每圈青砖错缝咬实，留下的砖缝由二师傅（二匠）上坡用笼盔碎片或者瓦片背牢成圈。

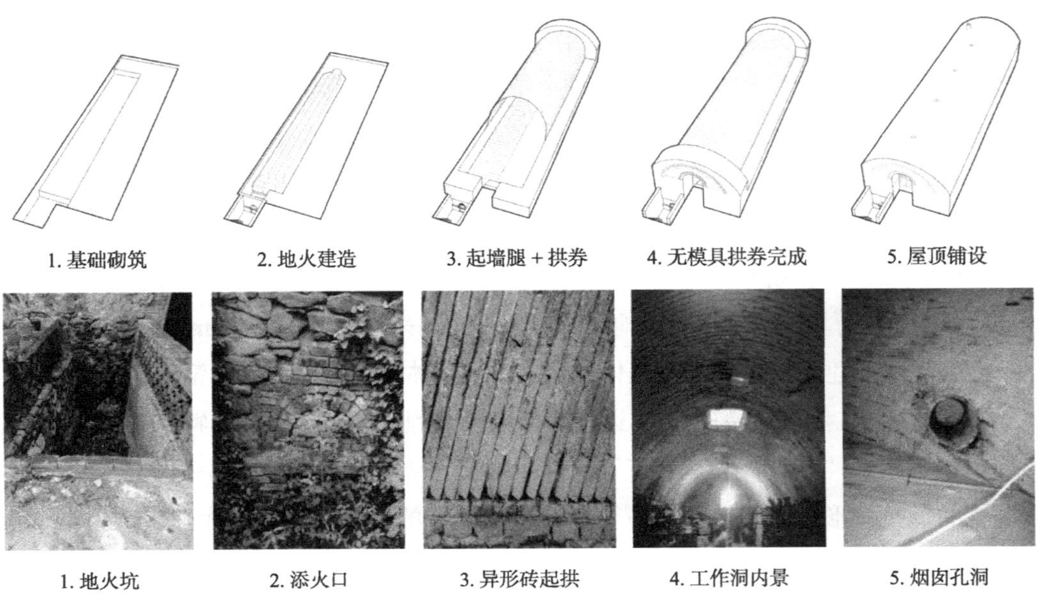

图 1-26 工作洞建造过程及实景照片示意图

异形砖砌筑前需要用水打湿，湿砖抹白灰（灰膏泥），以防止灰浆失水影响强度。拱券完成后，上用煤渣锤顶，再用青砖覆盖 1 ~ 2 层。困难时期用笼盔碎片粘贴做防水处理，抹灰单向找坡。由于工作洞前是晒场，所以排水采取后排水的方式，洞顶做排水坡至檐口处留排水口，用半个笼盔固定作为排水嘴，极富地方特色（图 1-27）。

地火设施主要包括地火坑、烟道、烟囱三部分。地火坑是火工负责添加煤炭生火的室外下沉空间，低于地面标高 1.5 ~ 1.8m，烧火窑工顺石阶而下，进入地火坑。周围就

图 1-27　屋顶檐口用笼盔做的排水

来源：作者摄

是煤堆和渣堆，以便操作[1]。添火口和掏渣口在建筑端头，两者中间由炉煽上下分隔。添火口上发券呈拱形，内部用笼盔和耐火砖砌筑炉煽，煤块烧尽落入掏渣口。

烟道的设计分成三段：第一段迂回设计，耐火砖横向交错布置，热量和气流在此停滞时间较长，俗称“地火炕头”。在冬季，窑工将一大缸凉水放入“地火炕头”的前端，利用热量提升水温，热水可直接用于生活之需。第二段是直线设计，多以三道直墙平行排布，俗称“三条腿”。第三段衔接第二段，防火砖呈斜线快速收口汇聚到端头的圆形道口，上连接烟囱下连接跌火坑。跌火坑的作用是增加烟囱的抽力，跌火炕正上方对应室内地面的位置有一块可拆卸的“活动砖”。往跌火口投下助燃体，比如木炭、油纸，都能起到使得空气快速流通的作用（图 1-26）。第二、三段连接处的烟道口放置耐火砖，窑工可以根据产量控制烟道数量，需要打开烟道就抽离耐火砖，相反亦然；烟囱的材料也选材于当地，底端倒扣一口无底大缸，依次接小缸和管道直通屋顶。地火的上端用当地青石覆盖，每块青石宽窄依据地火的尺寸打磨而来，一般以宽 1.5m、长 2.2m 居多。

陶瓷手工业建筑遗产是陶瓷文化发展的物质载体，工作洞承载了窑工从原料储备、材料研磨、坯体制作、窑炉烧造、运营销售的全过程，孕育了磁州窑特殊的窑场文化。窑场建造工艺是“设计”与“施工”一体化的，由世代工匠传承而来的合乎结构和构造逻辑的低技术形态，灵活地适应了彭城窑场建造的历史条件，为陶瓷生产提供了物质条件。完善磁州窑陶瓷手工业建筑遗产的研究是对磁州窑学的有益补充，因此客观而正确地对窑场建筑遗存进行解读，给予其理性的价值认定，对于补充磁州窑学、实施遗产保护都有现实意义。

五、建筑艺术

磁州窑的工作洞以砖石为材料，石料砌筑底部，耐火砖砌筑工作洞拱券的位置。

[1] 访谈刘立忠先生，经其口述整理成文。刘立忠（1944 ~ ），盐店遗址博物馆馆长。

从正面看，门口用砖勾勒拱形与结构对应，地面上连接的半圆形拱券工作洞，像是连续倒置的瓷碗，有规律地起伏。工作洞建筑材料质朴，建造时线脚处理仔细，结构与外装呼应，韵律感十足。多条工作洞并联时，从上部看，很像一条盘绕的卧龙，气势恢宏。

工作洞的建造技艺尤为突出，在拱顶的建造中，不用脚手架，单凭建造工匠的经验建造。如今可以砌筑工作洞拱顶的工匠屈指可数，砌筑困难更增加了工作洞的珍贵性。这种砌筑方式至今仍被世人叹服。

第五节 烧造建筑

馒头窑作为陶瓷烧造的窑炉，是窑场内主体建筑之一。馒头窑炉发展历史悠久，但从彭城镇建窑开始，馒头窑内部结构成熟，相差不大。研究从平面布局、立面结构入手，分析材料、结构、建造工艺以及馒头窑构造形式与特色。

一、馒头窑的发展演变

制瓷建筑中的馒头窑在历史进程中有较大的改变。随着人们对火焰性质认识的深入以及燃料的改变，馒头窑在不断地进步和改变。

磁州窑在磁山文化时期就有夹砂红陶产生，烧窑雏形也在此时诞生，并不断演变成窑炉。如今我们看到的馒头窑，是经过祖先们上千年的探索，才形成如今的外形状态和内部结构，是磁州窑工匠们世世代代努力探索的智慧结晶。

馒头窑炉的发展（图 1-28），同我国各地陶瓷窑炉的发展异曲同工，源远流长。人

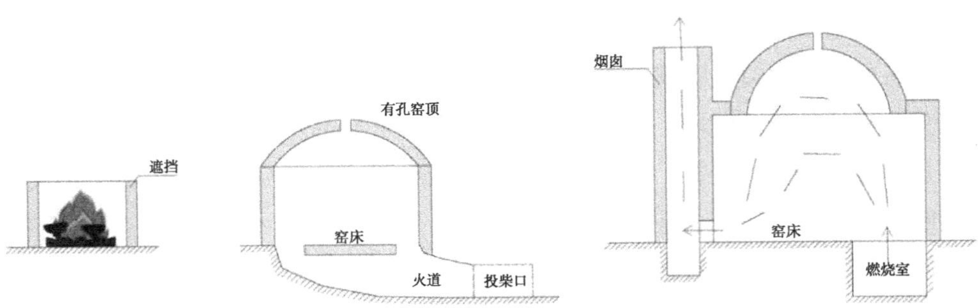

图 1-28 窑炉发展简图

来源：作者绘

类学会使用保存自然火，并在长期的劳动实践中发现天然黏土的可塑性，便用其做成不同形状容器盛装食物。直到一次偶然的机会，发现陶坯用火烤后可以得到坚固耐用的陶器。陶瓷的发展和窑炉的进步就此展开。

最初，烧制陶器只在地上火堆进行，由于受到风的干扰严重，在四周逐渐进行遮挡。随着人们对火焰认识的进步，发现火焰产生的高温热量才是制陶的主要因素。但是过于靠近火焰不好摆放陶瓷，于是便把燃烧柴草的燃烧室移到窑床外部，用火道输送火焰热量，火道连接窑床，窑床上的出火孔带来燃烧室的温度，用来烧制陶器。随着发展，窑炉逐渐产生窑顶，并在顶部留有气孔。在大量实践中，人们发现火焰是从压力大处到压力小处运动的规律。直到西周时期，创造性地发明烟囱，使内部空气流动起来，充分烧制陶瓷。火焰形式从直焰转变为横焰，并将燃烧室设在窑炉内部。这个时期，已有馒头窑雏形。之后，火焰形式从横焰到倒焰再次转变。进入战国时期之后窑炉的结构形式基本定型。彭城镇从宋代时建窑，馒头窑炉结构成熟，火焰形式为倒焰，窑内空气循环流动，温度状态良好，内部陶瓷基本没有欠烧的。

二、建筑形制

馒头窑平面似“马蹄形”，一般来说窑炉直径 3 ~ 10m 不等，缸窑最大，碗窑次之，砖窑、巧货窑最小。窑炉的窑门、燃烧室、窑床、烟囱等以直线方式排列，是馒头窑的特征。

窑门是进出馒头窑搬运坯体、瓷器的唯一通道，在烧窑时需将窑门封闭，留出观火孔；观火孔是馒头窑在烧制瓷器时，观察窑内燃烧情况的孔洞，根据需要通过观火孔可以向窑炉内部增添燃料；燃烧室是用耐火砖和泥砌筑，底部有炉栅，是用耐火砖或炉条建造；炉栅下部可用于掏灰、掏煤渣，与馒头窑外部的召井相连，起到运输、掏出煤渣及通风透火的作用；燃烧室的旁边是放置产品的窑床，窑床略向燃烧室倾斜，在燃烧的过程中靠近火的一侧温度高膨胀多，坯体叠烧放置，这样略微倾斜，可以防止叠烧坯体倒塌。在后窑墙内下部有烟突，连接下沉烟囱，倒焰式火焰在这里不容易聚积，火焰流通较好（图 1-29）。

在现有的彭城镇馒头窑遗存中，我们只能观察到馒头窑的地上部分，但馒头窑的地下部分的设计也十分精巧。馒头窑的地面高度 8 ~ 13m 不等，地下部分可深达 5m。剖面图从下往上看，有召井、燃烧室、窑床以及窑炉墙壁、窑顶、烟囱等。馒头窑的墙壁很厚，约 1.5m，有保温隔热的作用。

元明时期的馒头窑为石块或是砖石混合砌筑。从清代开始除了砖石，笼盔也成为墙体的重要材料。在砌筑时，石块作为基础，砌至 1m 左右高度，窑体内部为耐火砖砌筑拱形穹顶，外部则是一层砖一层笼盔的保护墙，笼盔之间填充碎瓷片、煤渣、碎石土等，形成可以保持窑体内部温度的厚厚的墙体，同时笼盔内部的空气层也起到保温隔热的作用。

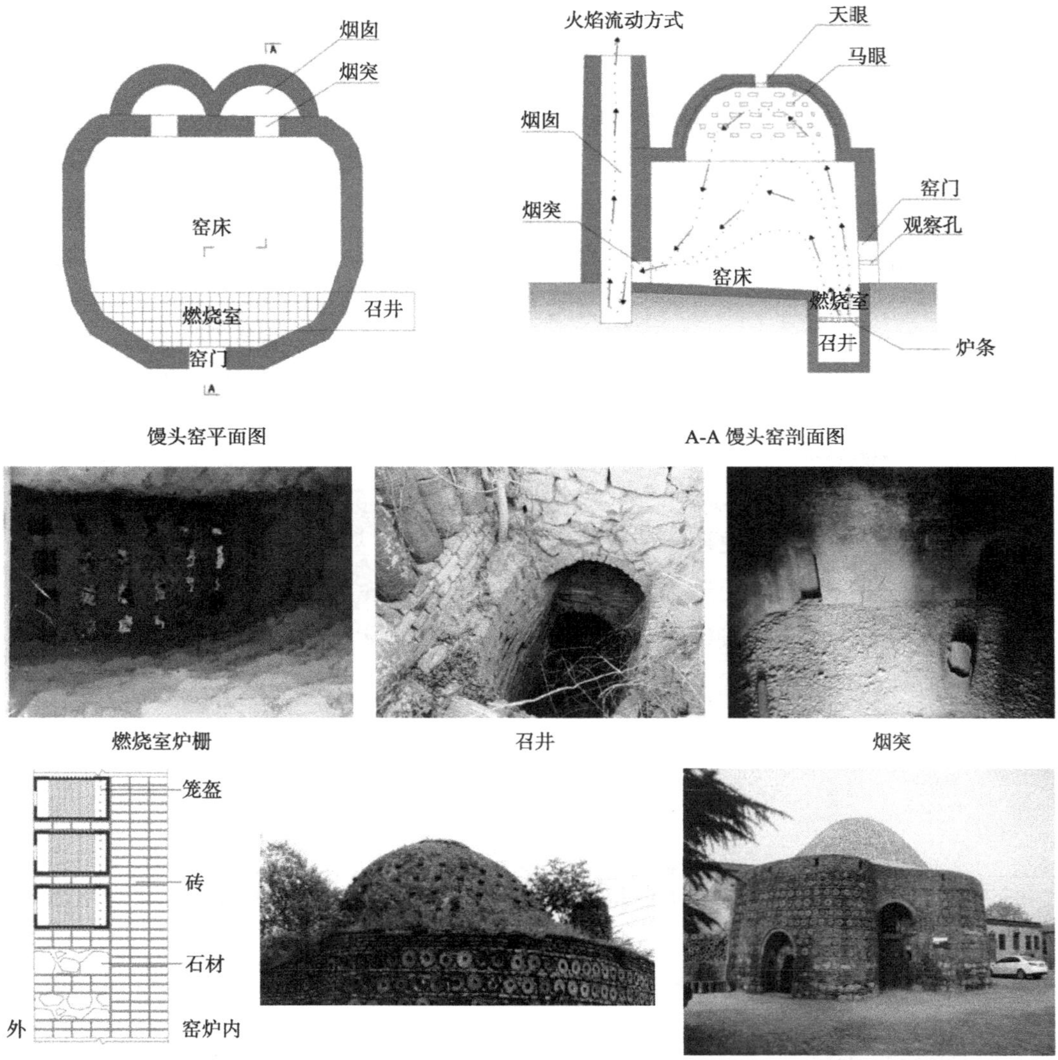

馒头窑平面图　A-A 馒头窑剖面图

燃烧室炉栅　召井　烟突

馒头窑墙体局部剖面图　马眼　馒头窑

图 1-29　馒头窑示意图

馒头窑的窑顶顶部留有烟气孔，俗称天眼。在穹顶上四周分布有数量众多的调节温度和疏散烟气的马眼，窑工根据温度需求，可以用耳砖选择封闭或不封闭马眼。在建造馒头窑窑顶时，是不需要脚手架的，当地有“砌窑顶，吃命饭”一说，说明砌筑窑顶危险性很高。在砌筑时，工匠将几千块耐火砖单层抹泥砌筑，顶部再覆盖厚厚一层三合土。窑顶结构紧凑，密封好，形状优美。大多数馒头窑有 1 ~ 2 个烟囱，下部有烟突，连通馒头窑内部，馒头窑的火焰通过烟囱向上的抽吸，使内部温度循环均匀。

三、建筑艺术

“馒头”外形使得馒头窑凸显于民居之中，敦实的体量、圆润的外形、出挑的窑顶、高耸的烟囱、笼盔墙的韵律感等，都是大家对馒头窑的印象。馒头窑建筑的艺术表现，主要归功于建造馒头窑的工匠技艺高超、独具匠心。

笼盔作为馒头窑外墙体主要材料，独具特色。笼盔是瓷器烧制过程中的保护匣体，在长期的使用过程中，笼盔会有损坏不能再使用，因其内部中空，保温性好，便被用到馒头窑建造中去。笼盔的外形为圆柱体，一头敞口，一头开小口。建馒头窑时，笼盔规则排列，墙体表面有虚有实，本身具有装饰性（图 1-30）。一排笼盔一排砖这种有规律的条形排列，丰富了外墙面，也横向拉伸了馒头窑的体量感。馒头窑的笼盔墙体，作为磁州窑建筑特色，被人们所熟知。

图 1-30　馒头窑笼盔墙体
来源：作者摄

馒头窑的建筑艺术特色还体现在建造过程当中，在窑顶砌筑时，建造工匠不用脚手架，而是凭借建造经验直接砌筑窑顶。因为在砌筑窑顶时极其危险，现今能砌筑馒头窑窑顶的工匠寥寥无几，该项技术几近失传。

第六节　附属建筑及原料制备区

一、附属功能区

附属功能区主要是为了满足窑场内其他功能需求而设的补充区域，包括库房、坯棚、账房等。

1. 库房

库房主要用来存放烧制材料、成品瓷器等，也有住宿功能。住宿功能主要是提供给窑场内烧窑工匠及小工，用于临时休息。

2. 坯棚

坯棚俗称坯房，是放置将要入窑烧制的合格坯体的建筑物，因其简陋称之为棚，一般高 2.5 ~ 3m，净空高 3m，开若干门而不装门框，门口宽 1.5m，便于进出；较大的坯棚为了满足采光需求在较暗处设置窄砖窗。坯棚的外形也采用青砖或淘汰的耐火砖垒墙角和腰线，其余填充笼盔、杂石。坯棚在建造上没有任何技巧可言，它的存在主要是因为：一是古代瓷器器型厚重容易干燥开裂，需要一个保持缓慢干燥的环境；二是为了节省场地，人们将产品口部朝上摞在一起，为避免灰尘落在产品上需要建棚保护。考虑到坯体的耐压强度，每摞一般 13 ~ 15 个。坯棚一般设在晾晒场的南侧，门朝东或朝西。

3. 账房

账房是记录窑场账目的地方。账房类似于民宅，是窑主的办公用房，讲究风水，朝向以东南、正北、东北为佳。特点是地基要高于窑场 1m 以上，突出其在窑场的位置，同时方便观察窑工活动和窑场情况，环境相对安静不受干扰。

二、原料制备区

耙池和碱槽是建筑和工艺相结合的产物，是窑场独有的设施，一般设在工作洞两侧或较远的地方，不需要过多的安全措施，工艺粗糙，为露天设置。碱槽在耙池的一边，稍做隔离，合用一眼水井。

井池耙槽，即水井、泥池、耙池、碱槽，这些都是用于粉碎原料的设备。耙池的建筑方式是先挖一个直径为 8m、深 1.5m 的圆池，在中心垒一个 1.5m 左右的中心岛，并固定木桩。将四周底部用青砖垒成，形成一个直径 4 ~ 5m 的圆槽池，槽深 1.5m，宽 1.25m，放置一个硬质横木，横木的一端与中心轴相交，另一端伸出槽外并安装一个石轮，通过牲畜拉动；然后再在横梁上放置一个木架，上面有 11 根左右的木棍即耙齿。其特点：一是耙池吸收了水磨、水碾、水杵的优点，提高生产效率；二是 11 根耙齿可以起到泥渣分离的功效。冬季不用时用红土填平防止冻裂，称为封池。

碱槽的形体及使用原理同耙池，主要区别是碱槽的横梁中心放置了一个窄而高的碾碌（宽 0.6m，高 1.2m），称之为碱砣。

窑场内的原料制备区是把制瓷的原料大青土、二青土、化妆土、釉料粉碎成泥浆沉淀待用的区域。该区域包括：原料储备场、碾料场、耙泥池、晒泥池、碱槽、水井和窑场外的水碾。表 1-5 是对原料制备区不同区域的介绍。

原料制备区分类介绍 表 1-5

区域名称	功能介绍	照片
原料储备场	是窑场内堆放原料的场所。一般位于窑场的角落，占地上百平方米。把青土、缸土露天堆放在窑场上，在历经风吹日晒雨淋之后，自然地分化为成分均匀便于加工的原料	
碾料场	当地有一句民谣“彭城街一大怪，八棱磙子两驴拽”，形容了当时碾料粉碎的设施。先在夯土铺成的圆形场地铺上原料土，用八条棱的岩石磙子干式碾碎，而且原料不易粘在石磙上。在碾碎原料时，多用 2 头驴子牵拉	
耙泥池	用于湿式再加工原料土。耙池是用耐火砖砌筑的圆形池槽，中央立有可做圆周旋转的木质栅状耙。不断旋转木质栅状耙，原料和水搅拌、水解，块状的原料土碎成泥浆，泥浆再流至晒泥池内	
晒泥池	一个窑场内有晒泥池 4 ~ 8 个不等，用砖砌筑的下沉于地面 1.5 ~ 2m 的方形泥池，长 6 ~ 10m，宽 3 ~ 5m。泥浆流入晒泥池内，经过长时间的沉淀，再次稠化成泥块。取出上层的泥块，经过处理，即可拉坯	
碱槽	为碾制化妆土（白碱）的设施。化妆土是当地的一种质地较硬且较纯的高岭土，需要大石轮碾压才能得到细致的泥浆。碱槽是有石英砂岩做成圆形石盘，内部有环状石槽。牲畜牵动石碾转动，将化妆土湿式粉碎成泥浆	
水井	泥料湿式粉碎、其他工序及生活用水等。井底距地面 10 ~ 20m，由石砖废笼砌筑，人工辘轳取水。窑场一般有 2 处水井，内外各有一口，防止无水可用，而且当地没有公共水井可用，外侧水井可以避免当地居民到窑场内部取水	
水碾	为釉料粉碎的设施，不在窑场内部，在滏阳河沿岸分布。使用河水带动齿轮圆盘旋转，将釉料湿式粉碎成釉浆，釉浆再运输至彭城镇各个窑场	

第二章

居住建筑文化

图 2-1　彭城镇发展现状

来源：作者绘

彭城镇居住建筑属于北方民居体系中的河北民居，建筑形制与周边的北京民居、山西民居、河南民居有相似之处，但同时又具有自己的地方建筑特色。彭城镇内街巷胡同衔接紧密，街道尺度适宜，巷子胡同窄小密集，在当地有“三街六巷七十二胡同”之说。通过对彭城镇建筑调查发现，当地民居院落建筑布局灵活，组合方式多样。彭城镇居住建筑蕴含了浓郁的地域特色，体现了当地的磁州窑文化。

彭城镇以制瓷业发展起来，城镇发展在滏阳河水陆交界，交通便捷之处。民居位于村镇的中心较平坦的区域（图 2-1）。彭城镇冬季寒冷多风，当地民居院落以北方合院式院落为主，院落外墙封闭以阻隔冬季寒风。彭城镇合院式民居与北京四合院相比，缺少了规范性和严谨性，但结合了当地的建筑特色与地域文化，增加了灵活性和趣味性。由于当地年均降雨较少，民居建筑以平屋顶居多，屋顶排水坡度较小。

彭城镇民居建筑得以发展壮大，是依靠磁州窑制瓷活动的繁荣昌盛，城镇涌入了大量各地城镇的制瓷人才，彭城镇居住区域的范围便越来越大。彭城镇内民居建筑因外来工匠的进入，带来各地的营建模式和技术，民居建筑种类则更加丰富多彩。例如，当地山西工匠的民居就有别于周围彭城镇民居建筑。

彭城镇在道光十年（1830 年），经历了一次大地震，倒塌房屋 20 余万间，主震后又发生一次强余震，所剩房屋全部倒塌，短时期内彭城镇需重建大量房屋，建筑材料供应不足，当地居民便利用当地废弃的笼盔及煤渣填充墙体，完成震后重建。笼盔应用于民居墙体，成为当地民居特色之一。改革开放至今，城镇快速发展，大拆大建现象频发，传统民居建筑在城市的更新中也开始逐渐消失在我们的视野。从彭城古镇古窑址分布图中可以看出，当时村镇的规模较小，如今的彭城镇发展较大，范围较广。传统民居建筑已不能满足如今的居住需求，彭城镇发展新型小区满足当地住房需求，传统民居面临着被拆除的威胁。

但是特殊的窑场文化赋予了彭城民居特有的建筑文化。彭城镇的传统民居在建筑类型、建筑形态、建筑材料和细部装饰等方面都独具特色，我们应认真评价其特色与价值，有选择地扬弃和保护。

第一节　建筑类型与特征

参照目前对传统民居的分类方法，将彭城镇的民居建筑按照建筑层数、屋顶形式、结构形式的不同进行分类解读。

一、以建筑层数分类

1. 单层建筑

彭城镇内传统居住建筑一层居多，我们称其为单层建筑。它们不仅有北方民居的建造特色，同时也保留有磁州窑文化的装饰艺术。当地民居单层建筑（图 2-2）较为普遍，屋顶形式主要是硬山和平顶。硬山屋顶采用木架抬梁式支撑体系。建筑结构以砖石承重，墙体由砖和笼盔砌筑。砖主要出自彭城本地的砖窑，与笼盔有序地砌筑在一起。砖加强了墙体的水平拉力，笼盔做纵向填充，不仅减少了砖的用料，还将笼盔“变废为宝”，形成了彭城镇的一道街景，成为当地特有的民居风格。

图 2-2　单层建筑

来源：作者摄

2. 二层建筑

彭城主街区如新华街及周围的古村，建筑以一层楼为主，偶有在正房上加盖一层的，是在经济条件较好的情况下加建的，或者直接把一层的屋顶作为晒台。二层为砖石砌筑，或用笼盔墙（图 2-3）。二层的房屋屋顶多为平屋顶，部分二层建筑屋顶形式为硬山瓦顶。房屋面积略小于楼下正房，在侧边开门，直通楼梯。正面开窗，窗户多

图 2-3　二层建筑
来源：作者摄

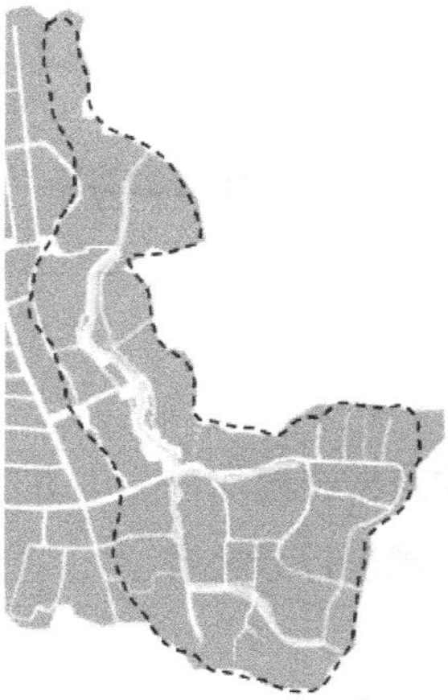

图 2-4　张家楼窑洞分布图
来源：作者绘

为方形或矩形，与一楼没有明确的对位关系。窗洞口面积不大，没有做造型装饰。

3. 窑洞

彭城镇周围有些村落有窑洞民居。窑洞的结构为拱券结构，主要分为土窑和靠崖窑两种类型。根据山体的走向和院落的布局，分布在村落的各个角落（图 2-4）。

一种是土窑洞，用于居住生活或用于粮食的存放（图 2-5）。直接从靠山的正房或厢房内部进入，或者在山脚下挖洞用简单的砖石和木门窗做外墙立面，内部多不做修整，部分土窑洞内部会进行简单抹灰处理。土窑洞内部空间不拘于长条形，随使用功能和需求挖掘，深度、宽度和高度各不相同，基本都为靠崖式窑洞。靠崖式窑洞的经济成本低，挖掘时间短。

图 2-5　土窑洞外立面及内部空间
来源：作者摄

另一种是靠山或在山前建造生活用窑洞（图 2-6）。洞内抹白灰，屋内高度较高，在内墙壁上或挖洞做储物空间，内部有拱形小门洞，可通到旁边的窑洞内。洞顶外部

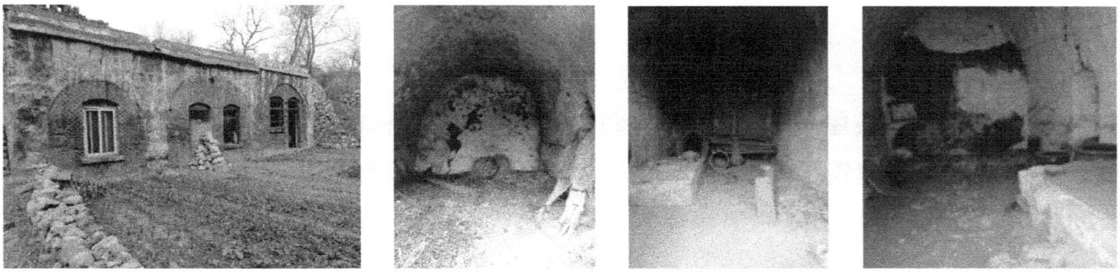

图 2-6　生活用窑外立面及内部空间

来源：作者摄

屋顶用砖石平砌，呈平屋顶形式，正立面用砖石堆砌出拱洞形状，每个单独的窑洞外立面设置一个门洞和一个窗洞。窑洞进深 5 ～ 7m，内部地面到最高处高度 3 ～ 3.7m，内部最宽处宽度 3 ～ 3.6m。内部小门洞宽度约 70cm，高度约 1.8m。外面房门宽 1m 左右，高 2.4m 左右，窗户宽度 0.9 ～ 1.1m，高度 1.1m 左右。

二、以屋顶形式分类

1. 坡屋顶

彭城镇民居建筑以坡屋顶形式居多。坡屋顶因其具有自重轻、结构简单、防水性能好、保温隔热等优点，又是结构找坡，不增加其他附属材料，结合彭城镇的气候和自然环境等因素，这种屋顶形式被广泛地应用于彭城镇的民居之中。

坡屋顶民居按照坡度的坡向，又分为单坡屋顶和双坡屋顶。彭城镇的民居正房一般采用双坡屋顶，厢房和倒座辅助性用房多为单坡屋顶或者平屋顶，少数为双坡屋顶。双坡屋顶主要包括硬山和悬山两种形式。彭城传统民居基本为硬山屋顶，有一条正脊和四条垂脊，屋面与两侧山墙齐平，简单朴素。单坡屋顶建筑造型美观，经济实用，具有隔声、隔热、保温等优点。单坡顶的建筑都是朝向院内，内低外高，雨水顺着单坡流向院内，有“肥水不流外人田”的说法（图 2-7）。

图 2-7　民居双坡屋顶

来源：作者摄

图 2-8　平屋顶

来源：作者摄

2. 平屋顶

彭城镇民居除坡屋顶之外还有平屋顶，民居的主房和辅助用房中都有平屋顶的形式。它简化了民居建筑屋顶形式，由以往建筑的三段式立面形式变为两段式立面形式，“改坡为平”的屋架形式节约了建房经费，但也带来了保温隔热效果不佳、排水效果不理想的情况（图 2-8）。

三、以结构形式分类

磁州窑中心窑场地区的民居建筑材料主要有砖、石和木等材料。传统民居分布地区周围有大量的石材、木材和生土，就地取材，方便使用；同时磁州窑窑场的存在也为民居提供了砖、瓦、灰渣等建筑材料。

1. 砖结构

彭城地区传统民居院落以清朝和民国时期为主，此时的制砖技术已经非常高超，且取材方便。青砖是彭城地区最为常用的建筑材料，经过烧制的砖块，与土坯有着很大的差别，砖的硬度更大，耐久和耐火性能更好。由于砖的取材较石、木更为方便，所以当地建筑大部分都为砖结构。彭城地区的平屋顶建筑，有的整个院落都是以砖为主。

2. 砖木结构

木材是中国传统建筑最为常见的材料，在取材上很方便，我国古代的木构技术较为成熟，所以民间很多建筑都是使用木结构。木构架主要包括抬梁式和穿斗式，这两种技术都能够充分利用木材的性质。由于使用整个木结构作为构架，对于木材的种类和尺寸都有严格的要求，所以在民间很少有纯木构的建筑，都是将木结构与砖结构相结合，木结构为主要的框架，砖块作为填充墙，划分建筑室内空间。

木构架多为抬梁式，即在柱顶沿着建筑的进深方向架数层叠加的梁，梁逐层缩短，层间垫短柱或者木块，最上层的梁中间立小柱或者三角撑，形成三角形屋架，相邻屋架间，在各层梁的两端和最上层梁中间小柱上架檩，檩间架椽，构成双坡顶房屋的空间骨架，且抬梁式可减少柱子数量，取得较大的室内空间（图 2-9）。

图 2-9　抬梁式屋架平屋顶
来源：作者摄

3. 生土结构

生土结构的建筑使用土坯砖或者夯土垒墙。生土结构的优点是可以就地取材，且造价低廉，保温性和防火性能好，但是同时也具有墙体的强度低、抗剪能力差等缺点。

生土结构的建筑曾是农村建筑最主要的结构形式之一，曾被广泛使用。但由于生土结构的强度低，经过岁月的洗礼，彭城地区民国之前的生土建筑目前已经很少了。但由于生土建筑的保温性能和耐火性能很好，在现在的混凝土时代，仍有很多人将生土材料运用在建筑中，以增加居住的舒适性。

第二节 建筑组合与形态

一、建筑组合

彭城镇的民居建筑以庭院作为基本布局单位的合院式院落为主。院落空间既保证了夏季凉爽的自然风又避免了冬季西北风的侵袭，同时还加强了内部联系，增大公共活动空间。这种形制具有极大的灵活性，可适应各种家庭的使用需要。院落空间灵活多变，布局结构紧凑，其院落的大小及组合形式根据人口规模的不同，大小形式不一。

彭城镇民居院落有多种院落形式，院落呈现自由多变的组合模式。有独院式院落和混合型院落两种形式，院落布局在保留有传统模式的同时，又有当地自由发展的特色。

基本的院落呈条形布局，大多为矩形，对称且封闭，私密性强。一般合院有三间上房，左右各配一间厢房，一间倒座，较宽敞的院落单独设有一间小屋作为厨房使用，厕所设在屋外或不设置。单体建筑的体量不大，由四面或三面房屋围合而成，院落纵深较长，庭院空间狭长。当地民居院落遵循传统四合院布局形式，院落封闭，中轴对称，建筑遵循长幼有序原则，受传统礼制影响。与其他地区不同的是，当地民居院落更为狭长，与传统四合院布局相比，形式更为自由。彭城镇内民居院落大致可分为两类，分别是独院式和混合式。

1. 独院式

彭城镇内独院式民居院落较多，是当地传统民居的主要形式。独院式民居建筑一般规模较小，是适合家庭成员不多的民居院落形式。院落中轴对称，建筑主次分明，内院空间狭长是家庭主要活动空间，并连接院落内各建筑部分。当地独院式民居院落是由宅门、倒座房、内院、厢房、耳房和正房围合而成（图 2-10）。有时在正房和厢房之间、厢房和倒座之间的空地搭建简单的杂货房、厨房等小屋或者与房屋连接作为房屋的一部分使用。

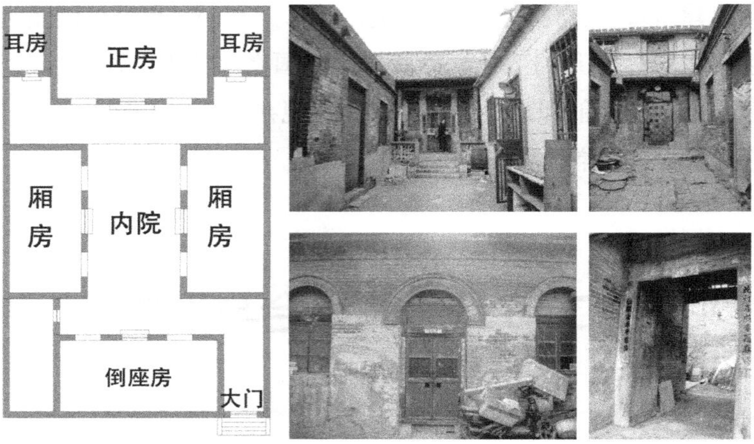

图 2-10　独院式民居院落图示

来源：作者绘 / 摄

不同于北京四合院的方形院子，彭城镇的院落较为狭长窄小。独院式民居院落只有 1 处内院，为家庭公共活动交流的室外空间，连接正房、厢房、倒座房及入口空间。在院落内多有一处水井，提供居民生活用水。独院式民居正房一般为三开间、一层为主，一般为院落中体量最大，地位最高的建筑，正房门前有台基，多设三或五级台阶，平台宽度 1.5 ~ 2m，作为庭院与正房内部的过渡空间，是典型的冀南院落的形式。院内房屋左右对称，最下侧为倒座或置小型杂物间。建筑高度 3 ~ 3.5m，宽度变化大，最窄的有 2.7m 左右，最宽的在 4m 左右。宅门一般位于民居院落的东南角，设在倒座旁边，屋顶用硬山瓦顶或平顶形式，由宅门进入正院处常建造拱形门洞。进入宅门后，直面影壁墙（图 2-11），既保障民居的私密性，也有装饰性作用。还有些独院式民居不

图 2-11　影壁

来源：作者绘 / 摄

设倒座，只用院墙围合。院内外墙用青砖砌筑，或是垒砌笼盔墙，房屋立面的门和木窗格栅等处多用红、棕等色，屋顶是用黄土、砖、石板夯实，拦马墙较矮，屋顶内部用粗大的木梁承重，上面整齐地排列着略细的檩条，坚实可靠。在商业街两侧分布有对外商铺的民居院落，常为独院式民居院落形式，倒座房作为对外商业用房。

2. 多进式或多跨式

人口规模较多或不同户人家同住时，采用多跨院或多进院布局，拉长院落进深或发展多跨院落。院落内建筑构成和独院式相似，但院落增多，空间组合丰富，规模增大，可居住人数更多，民居院落整体更为狭长。各个院落可以提供相应的私密空间，彼此又相互联系，交流紧密。

多跨式院落类似于北京的大杂院，又区别于大杂院。外院是独院式的院落，但在大门的反方向，或是某个角落会留有一条过道，过道略狭小，通过过道便是另一独立院落。

多进式则有别于传统意义上的多进院，这种“多进”式只是在两侧各增加一个厢房，拉长庭院进深，不设内外院或障墙，可同时容纳多户人家，是彭城镇民居院落中一种特别的形式（图 2-12）。多进式民居院落纵向组合，中轴对称。院落与独院式民居院落有相同的建筑组成，有宅门、倒座房、内院、厢房、耳房和正房，不同的是院落和厢房的数量增多，院落之间有垂花门、障墙等建筑分隔院落。正房是院落内的中

混合式民居狭长内院　　正房　　厢房

垂花门　　障墙

图 2-12　混合式民居院落图示

来源：作者摄

心，一般是最高大的建筑，1层的最多，也有2层正房建筑。垂花门延续传统四合院中传统样式，一般大户人家才有资金建造。相对而言，障墙在传统民居院落中出现较多，和垂花门一样起到分隔院落的作用，但结构更为简单，有墙的形态，本身具有装饰性，同实墙一样有分隔空间的作用。

这种多进或多跨院落有的外院房屋建造十分随意，大小高低各不相同，进入里院的过道也较为窄小隐蔽，不易发现，这类院落更类似于大杂院，即一个大门内由各自为营的几个小院子组成，房屋制式也不尽相同。

3. 混合式

混合式院落是以“院”作为一个单元，在院内有多进式院落并向左右某个方向组合一个单独院落或多跨式院落，从而组成一个复杂且形状不规则的复合型院落。混合式的院落形成与主人经济能力的大小或是家族人口增多院落集中加盖相关，也与复杂多变的地形地貌有关。彭城镇内的混合式院落中还有利用地势的高低，沿着纵向院落向正房逐级升高的多进院落，这样的院落空间层次丰富，房屋高低错落，与自然地形高度融合。

混合式院落，不拘于完整的单元形式组合，院落以单体为标准，布局随意，不做对称要求，建筑单体依地势和房屋需要而建造，靠山的院落常常将窑洞作为正房布置（图2-13）。

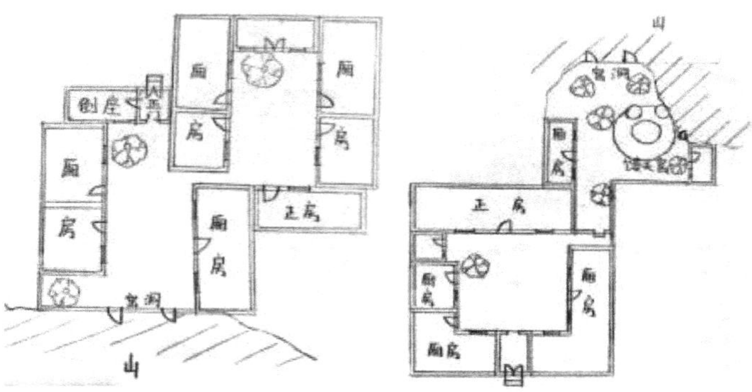

图2-13　不同的混合式院落

来源：作者绘

二、建筑形态

1. 大门

门是一个宅院或居住单体的出入口，因此门具有防御作用。此外，大门的颜色、规格、台基的高低不同，用处亦不相同。自古至今，门第之说仍然会被世人提及，作为判断一个人的身份等级的象征之一。一个建筑的入口通常用来彰显建筑形象，如宫城的宫门，气势宏伟，规模庞大，颜色鲜明，装饰华丽；村寨的寨门和入口牌楼，挺拔高耸，庄严大气。一个民居院落中大门的形式按使用地方的不同，其大小、装饰各不相同。

宅院的大门称作“宅门”，现多以“大门”概括统称。彭城地区宅门在民居中是十分重要的角色，是一座院落及主人的脸面，是居住者社会地位或身份的象征，也是宅院主人身份地位、经济水平以及文化层次、审美品位、性格取向、兴趣爱好的体现和象征，是民居中任何门都替代不了的。大门是私有空间的第一道入口，是整座住宅的门面，有界定空间、供进出的基本功能。大门一般与倒座相连，呈屋宇形态，一般占倒座的一个开间。宅门为木门，有门楣、墀头、门枕石等装饰，宅门顶部的装饰也呈现丰富多样的形式，是宅院主人的思想体现。院子中分隔院落的门称作“院门”，标志着由一个院落单元向另一个院落单元的转换。进入房间的门称作“房门”，每个单体建筑，如正房、厢房，都需要经房门进入内部空间。

宅门大门（图 2-14）一般与倒座房屋连建，或与外院墙直接相连，其结构独立，自成一间。门房宽度 1.8 ~ 3.2m，高度与倒座相同或略高，2.8 ~ 3.2m。宅门的门洞宽度最窄的为 1.2m 左右，规模较大的可达到 2m 左右，高度 2 ~ 2.6m。

图 2-14　宅院大门图示

来源：作者摄

屋顶分为两种：一种是硬山坡屋顶，规格较高，装修精致，在门上多设置额枋、雀替和匾额等木雕，门柱上设置墀头等石雕，屋顶高出倒座和院墙，门前可为居民提供挡风避雨的檐下空间；另一种是平屋顶形式，与外墙立面结合在一起。这类宅门可根据造型的不同分为三类，一类是在门上以砖雕形式设置屋顶檐口和墀头等装饰；第二类是将整个门洞砌成拱顶形式，门前拱顶下有平台空间；第三类是在大门上部简单砌出拱券或简单的方形门洞，这类宅门门前空间较小，或者直接通向街道。

一般来说，宅门的门后空间大于门前空间，现在多放置杂物。内宅门由拱顶门洞进入门房空间和内庭院空间。内部门洞不设门扇，门洞宽度 1 ~ 1.6m，高度 1.9 ~ 2.2m。

院门（图 2-15）是大宅院内部区分各小庭院之间的门，庭院间出入口不统一，院落大小方位亦不相同，因此安设院门的位置不固定，门的形式多种多样。有简单的拱券门，也有没有院门只从厢房旁留狭窄的过道通向另一院落，还有些体量较大，相对豪华的院落将院门建成装饰繁杂的硬山屋顶的门楼。

图 2-15 院门

来源：作者摄

2. 垂花门

两进以上的院落设置有垂花门，也就是院落“二门”，用来分隔内外两个院落。垂花门位于中轴线上，门上檐柱悬于中柱穿枋上，柱头由木雕莲花收尾。宅内的垂花门从外看犹如一座小门，尺度宜人，比例舒适。从内部看垂花门如一座小屋，正门常常关闭，出入需要从左右两端绕行。在一些居住建筑中，垂花门的侧门可直接连接游廊进入厢房、正房。彭城地域的建筑等级较低，垂花门的形式应用并不广泛，只偶尔出现在民居院落当中。

3. 正房

正房一般是面阔三间或者五间，进深方向经常采用七檩构架，前后共四排柱子。由于正房是整个民居中等级最高的建筑，其屋顶一般都比两侧的厢房高，而且带有屋脊，看起来比卷棚式的屋顶更高大。

正房中间的开间一般作为起居室，接待客人，左右次间作主人的卧室。

4. 厢房

厢房比正房稍矮一些，一般是三开间，也有五开间的。厢房的后檐通常与正房的左右山墙对齐，也有错位 1 ~ 2m 的。厢房的山墙与正房的前檐柱相距大约 2m。合院式的院落整体平面大多呈长方形，院落显得窄而狭长。

5. 倒座

倒座房位于整个合院的前侧，前檐面朝院内，后檐墙临街，一般不开窗户或者只能开高窗。倒座房的地位不高，开间和进深的尺寸小于正房、厢房。倒座房一般做成五开间，三明两暗。倒座邻近院落入口，是辅助性房间。

第三节　建筑材料与细部装饰

彭城民居建筑多保留清末民初时的建筑特色，精致的正门，简洁的木格栅窗户，雕刻大气的砖雕木雕，均体现了古时劳动人民的精湛技艺和质朴大方的审美取向。

一、建筑装饰

1. 木雕

早在北宋时期木雕的技法已经基本完善，到明清时期技法更胜，工艺水平日益提高，在建筑中主要起装饰作用，多用在门牌楼的额枋、雀替、花罩、垂柱、斗栱、槅扇、门窗及室内隔断上。

彭城民居中的木雕主要用在宅门的正立面和院内的门、窗格架上，以美化结构构件，以简单大方的装饰为主，部分构件雕刻精美，样式不一。

彭城村落宅门的主要木构件有门扇、门框、额枋和迎风板。其中额枋和迎风板上部有雕刻，以浮雕的技法将象征吉祥美好的花草鸟兽等纹饰和字画刻在木板上，或者只在构件局部雕刻出花纹样式，整体上不做大面积的装饰，色彩上较为素雅，体现了彭城村民的美好愿景和质朴情怀。

木雕在门窗上的装饰较少，主要用在房门门扇的格栅窗上，面积较小，样式简单大方，色彩单一。彭城民居院落的宅门、院门和房门，主要以木材制作，大门的颜色多为黑色，或是原有木材的颜色。

房门（图 2-16）相对来说装饰简单，开间较小，多为单扇门，可分为门上有窗和无窗两种。门的高度 1.8 ~ 2.6m，宽度 0.9 ~ 1.1m。

图 2-16　不同形状的房门

来源：作者摄

有窗的房门又分弧形拱券格栅窗木门和矩形格栅窗木门，都是在门板上方架木格栅窗，格栅简单做纹样造型，高度较高。无窗的房门分为半圆拱券顶木门和无顶木门。半圆拱券顶木门是在木门的上方砌半圆形拱顶，用木板封死，或用砖垒砌只在中间留出通风口和造型处理，门上无其他装饰。无顶木门最为普通，无任何装饰和造型处理。

窗是建筑构件中变化最多的一个，它的主要功能有采光、通风和向外眺望。窗的形式多种多样，有槅扇窗、槛窗和普通窗等。古代人常用木格分隔窗户，窗洞的形状各式各样以矩形为主。窗户的独特造型，在建筑立面呈现上，充分体现了它的使用价值、美学价值和文化价值。

彭城民居建筑的窗户按形状分为三类（图 2-17）：一种是方正的矩形窗，整个窗户用木格栅平均分割出大小相同的小木格做装饰；另一种是在方形上砌半圆拱顶，方形窗户用木格栅平均分割出等大的方格，上部半圈区域用砖砌筑，或在中间留出通风口做造型装饰；还有一种是在方形或矩形的窗上砌弧形拱券，其弧度较小，拱券下部空间不设格栅，用木板封堵，木板中间用星星、圆形等形状装饰，矩形部分用大小不等木格栅分隔装饰，部分窗户可从中间向外推开。窗户宽度约为 1m，高度在 1.3m 左右，

图 2-17　不同形状的窗

来源：作者摄

窗台高于室外地面 1.2 ~ 1.6m。

一般居住房屋开窗面积较大，沿街外立面窗洞较小。

2. 砖雕

砖雕就是工匠在青砖上进行雕镂，常用于民居建筑中的门楣、影壁、屋脊、山墙等地方，绘有花草纹路或是寓意吉祥的图案，起到装饰作用。砖雕需要在质地细密的青砖上雕刻，所以对青砖在选料、成型、烧成等工序上要求十分严格。在装饰题材上，主要是寓意吉祥的图案；雕刻技法上主要有浮雕、圆雕、阴刻等。在彭城主要的雕刻技法是浮雕和阴刻，形象简练、风格浑厚。例如宅门上半部分常以青砖装饰，并雕刻不同的纹路图形。墀头盘头部分雕刻有莲花及其他纹样，在正中间刻字或动植物（图 2-18）。

图 2-18　宅门的砖雕

来源：作者摄

3. 影壁

影壁一般位于宅门正对的墙壁上，极少部分富贵人家在宅门外设立体量较大的外影壁墙。影壁墙多以青砖砌筑，四周刻绘纹路，檐口下雕刻花草福寿等图字，影壁中间无字或刻一福字，整体造型简单朴素，寓意美好（图 2-19）。影壁和院墙都是独立于其他房屋之外的墙壁，实际上也可以看作是一种特殊的建筑类型。各地区的影壁装饰手法和主题不同，各具特色。

影壁和院墙可以划分为基座、墙身和墙顶三部分。多数墙壁的基座只是简单的石台基，非常低；墙身与山墙的墙身一样，可以分为上下两个段落，下面是“下碱”，上面是“上身”；屋顶很短，但同样模仿房屋建筑铺设瓦件。

影壁是最具有装饰性的墙面，一般设在两个位置。一种是位于宅门的对面，隔着胡同与大门相对；另一种位于宅门内，迎门而建，又称为照壁。彭城当地的影壁墙多

图 2-19　影壁
来源：作者摄

用砖拼贴、砌筑。构图会特意留出砖棱、转角，与水平砌筑的青砖形成变化，中心用吉祥图案作为主题，整体简单严肃。

4. 石雕

石雕就是在石材上匠人用手工工艺雕刻出内容丰富、寓意万千、形象生动的字符、纹理、图案或是单件的装饰摆件等。石雕在民居建筑中多作为配件，主要有抱鼓石、柱础、上马石等。

彭城民居中的门枕石造型简单，分为一字形和 L 形，根据门的规格制式，体量大小不一，起到了承托木门和门框构件的作用（图 2-20）。

柱础用在门楼柱下，造型圆润，功能性强，在彭城村落中较少使用，规格较高的宅门或院门用柱础承托木柱（图 2-21）。

图 2-20　门枕石
来源：作者摄

图 2-21　柱础
来源：作者摄

彭城村落中的门角石，有两种较为特殊：一种是与排水口相连，在宅门檐柱底部拐角处，雕刻图案分上、中、下三部分，中间绘制仙鹤等鸟兽，寓意平安吉祥、福寿延绵；另一种是在建筑入口墙体与侧面墙体拐角处的底部，分上下两部分组成，下面刻“寿”字（图 2-22）。

此外，彭城村落中还分散着抱鼓石、上马石、拴马石、马槽、捶衣石、磨盘等多种石雕用品，彰显了彭城村民丰富的生活情趣（图 2-23）。

图 2-22　角门石

来源：作者摄

图 2-23　石雕用品

来源：作者摄

二、建筑材料

我国古人对建筑材料的选择多因地制宜，取自自然。在材料的选择上，要求坚固耐用，因此传统建筑的建造多采用砖石土木等材料。

1. 黄土

黄土是我国古代居民在建筑中最常使用的建筑材料，它的分布广泛，成本低，制作加工方便，无论是平原地区还是山区，都使用黄土和泥制作土坯，再运用在建筑建造上。彭城地区背靠山脉，黄土产量丰富，质量优良，适合用在墙面和屋顶各处，既牢固又保温。

2. 笼盔

磁州窑的瓷器在烧制时会专门放置在用粗瓷土制作的容器中，这个容器被称作匣钵或笼盔。瓷器摆放在笼盔内部，很好地隔绝了窑炉内部的灰尘，使器具充分受热，保护瓷器不被烧坏。笼盔的制作简单，用粗瓷土搓制成泥条，盘筑法制作，内部光滑，外表呈螺旋纹状，顶上无盖，底部有托底，并在中心留一圆形孔洞，是为了将窑炉内的窑火和高温收进匣钵留下的通气口，被称作“笼盔头”。笼盔虽然耐高温，强度较大，但经过多次使用后会产生变形或崩裂，因而无法继续使用，只能被丢弃。大批量烧制陶瓷也导致了废弃笼盔的数量剧增。

彭城镇自古烧制陶瓷，陶瓷的烧制少不了保护用的匣钵，因而废弃的笼盔和破碎的瓷渣堆积成山。笼盔坚硬，经得住风雨，被窑工和其他百姓回收利用，用在建筑中充当建筑材料。村民选择立面完整、高度相近的笼盔，建造建筑墙体，破碎的匣钵片则与碎石块混合填充砖墙，既不用花费钱财，节约建房成本，又起到了保温防潮和隔声的效果，同时笼盔本身带有浅浅的金属红色，丰富了建筑立面的色彩，可起到装饰作用。当地有“彭城街五里长，大街小巷笼盔墙”的民谣，笼盔墙体成为当地的建筑特色。

笼盔呈圆筒形，竖切的半个笼盔或笼盔片均有弧度，可以代替瓦和排水管，在檐口下挑出墙面设置，充当排水管道，防止雨水直接侵蚀墙体。横切半个圆筒形的笼盔还可以用作烧窑的观火口，设在洞门上方拱券中央，以便观察和添火。笼盔去掉笼盔头的托底，可以当作烟筒使用，适用于火炕和厨房的烟雾排放。此外，笼盔竖直摆放可以当作栏杆有围挡的作用，笼盔碎片还可以铺装地面起到装饰作用（图 2-24）。

图 2-24　笼盔的再利用图

来源：作者摄

笼盔在建筑立面的呈现不只在墙体中间作承重结构，还会被当地居民放置在屋顶拦马墙上。拦马墙一般高度较低，砖块容易脱落，笼盔可以增加砖块上方的压力，稳定砖块，还可以增加墙体高度，防止盗贼进入。在彭城镇当地，人们认为笼盔是吉利的象征，寄托了对未来生活的美好祝愿。

3. 木料

木材具有良好的耐压性能，易于加工，是我国古代建筑不可缺少的原材料之一，常被用于建筑内部的梁架、柱子，作承重结构。这种木构架建筑的特点是“墙倒屋不塌”，意即就算墙身坍塌倾倒，木材搭建的构件也不会塌陷，仍会在原址上留有原来的结构。但是由于砖的普及和木材的短缺，明清以后房屋结构不再是单一的木构架承重体系，而是发展为木构架与墙体共同承重体系以及墙承重体系。

彭城民居建筑大部分为砖木结构，墙体承重，木材仅作屋顶梁架使用，梁选用较粗大的圆木，直接搁置在墙上，梁上垂直搁檩条，檩条上有更细的椽子间隔排列，且四面墙壁无木柱。

木材在彭城民居建筑中的应用还多见于门窗。其中一户人家中的内院院门设硬山门楼，门楼是木结构承重与墙体承重相结合，在门的正面与院墙相连，由砖墙承重，门后全用木结构承重（图 2-25）。

图 2-25 木构屋顶与院门

来源：作者摄

4. 砖石

山的存在不仅为居民提供了众多木材，还提供了取之不尽的石材，人们靠山用山，开采山上的青石和各种岩石，经过加工后作为建筑材料使用。砖是由人工烧制，抗压性好，耐久性强。

彭城村落的建筑和桥梁常使用砖石结合的砌筑方法，将大块的石材用于建筑的墙身、台基和台阶等，墙身底部用大块的石块，中部及上部用砖块或用体积较小的石块叠砌，再将石块之间不平整的地方用黄土填充。

此外，彭城村落房屋中多用砖块搭建火炕，并在火炕的床面上抹灰。按照房间的大小和使用的范围，火炕的朝向和面积不同，在用于居住的屋内有两面或三面与墙体围合，多设于窗边;在用于居住的窑洞内，火炕一般设于入口附近，由砖石、笼盔建造，洞口处留有通风口。彭城村落的小型建筑多用石头搭建,位于主体建筑外部,露天设置，空间较小，设置简陋（图 2-26）。

图 2-26 砖石墙体、火炕、石桥

来源：作者摄

5. 瓦

瓦是由人工烧制的建筑陶器，一般用泥土制成。早在西周便制作出了板瓦和筒瓦等建筑用瓦，开创了将瓦覆盖到屋顶的建筑风格。瓦的形状制式不一，有拱形、半圆筒形和平的方形等。在彭城当地建筑中常用的瓦有筒瓦和板瓦，在屋脊顶部有脊瓦，筒瓦顶端有瓦当。这些瓦既可以为屋顶排水，又常刻有纹饰，起到美化装饰的作用。

彭城村落的房屋多为石板铺设的平顶房，屋顶不铺设瓦片，仅在硬山屋顶的门楼上或是宅门装饰性强的檐口上铺设瓦片。瓦的样式简单，瓦当有文字瓦和图案瓦，造型美观大方(图 2-27)。另外，在建筑墙体上部的雨水口出挑处多用瓦片做出弧度和造型，便于雨水泻下（图 2-28）。

图 2-27　瓦顶

来源：作者摄

图 2-28　雨水口

来源：作者摄

6. 缸

在彭城村落中，缸一般与笼盔一起作为屋顶围墙使用，通常缸口朝下，并排摆放。除了用于建筑围墙，缸还是家家户户必备的储粮、储水的器皿，并在村落中当作摆设和装饰使用（图 2-29）。用缸作装饰是彭城当地具有地域特色的景观。

图 2-29　缸的使用

来源：作者摄

第四节　实地测绘

肖家老宅由肖家街28号院、肖家街29号院、肖家街30号院、肖家街4号院等四处院落组成，系清末民初建筑（图2-30～图2-32）。

图2-30　肖家老宅

来源：作者摄

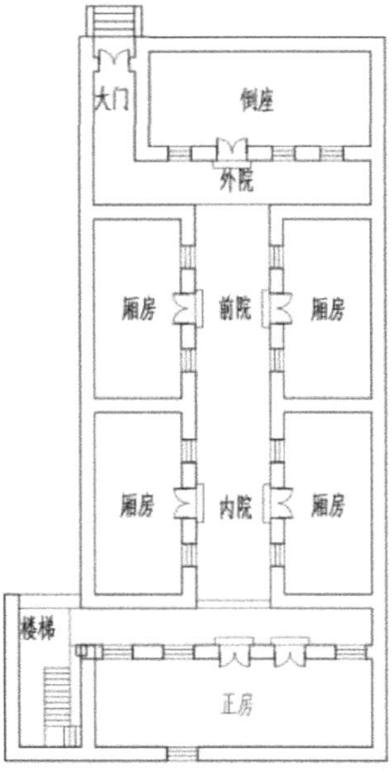

平面图

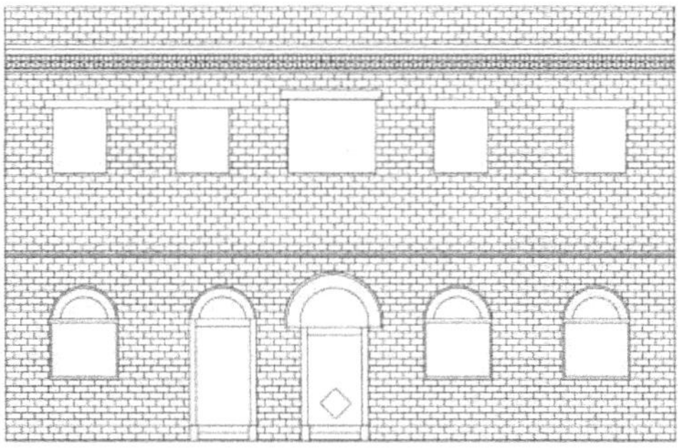

正房立面

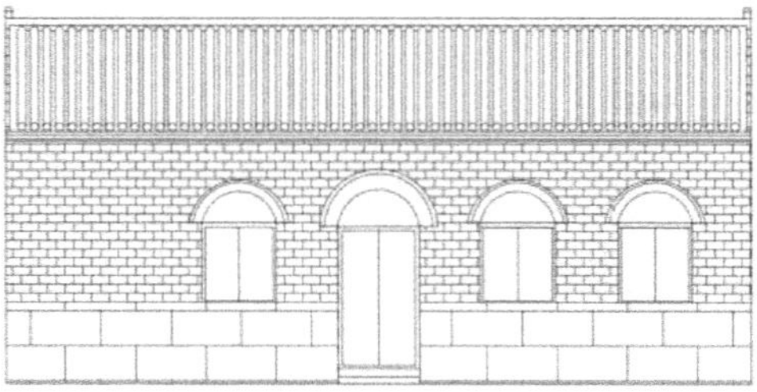

倒座立面图

图2-31　肖家老宅

来源：作者绘

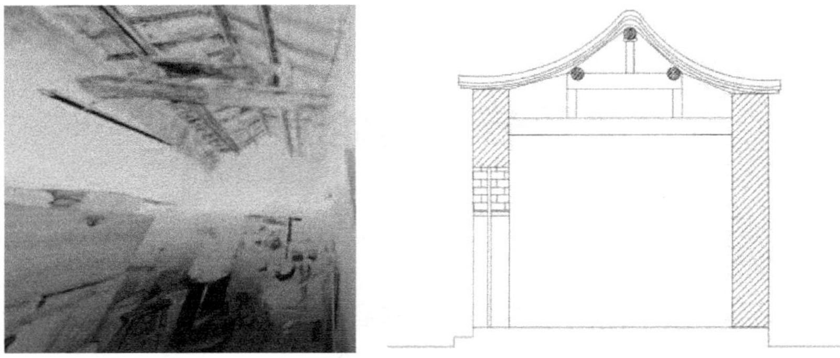

图 2-32　肖家老宅厢房剖面

来源：作者 3D 扫描 / 绘

肖家街 28 号院：门楼坡屋顶破损，额枋等木构件破坏严重。原为二进式院落，现已于中部加建厨房，一正房两厢房一倒座，门窗均为拱券结构，立面均涂抹水泥，正房和倒座为硬山灰屋顶，厢房为平屋顶。正房建于台阶之上，高于地面 50cm，门口条形石基保存完好。

肖家街 29 号院：为二进式院落，一正房两厢房一倒座，门楼保存尚好，木构件略有破损。正房为 2 层楼房，一层门窗为拱券结构，二层门窗为方格形。外廊式楼梯在正房东侧，现已破损，屋顶多处塌陷，一楼室内梁架结构完整。正房地基高于庭院 60cm，西厢房为硬山灰瓦顶，墙体外立面涂抹水泥，门窗为拱券结构，东厢房现已完全翻新。院落中部加建厨房，倒座为硬山灰瓦顶，门窗为拱券结构，屋脊上图案雕刻精美。

肖家街 30 号院：洞长 3m，宽 2m，入口处有坡道，门楼为双坡顶，入口木构件已破损，正房两厢房倒座，正房为两层，两侧厢房均以改建，倒座已被翻新，门窗为方形，有水泥涂抹的墙裙。

肖家街 4 号院：大门上部保存较好，内部梁架结构已破损，二进院落，一正房两厢房一倒座，均为屋顶，西厢房立面涂抹水泥，东厢房 2/3 涂抹水泥，门窗为拱券结构，门楼上部有砖棚图案形成的围护结构，建筑风化严重。

第三章

商贸建筑文化

磁州窑发展历史悠久，宋、金、元时期，磁州制瓷业进入繁荣鼎盛的时期，逐渐形成了以漳河流域观台镇为中心的制瓷产区，到了明清时期，又形成了以滏阳河流域的彭城镇为中心的制瓷产区。磁州窑制瓷立足民用，装饰纹样也多为民间所喜闻乐见的题材，产品大多与生活密切相关且样式灵活多变。通过商贸经营和流通，磁州窑瓷器影响波及朝鲜、日本、越南以及欧洲等多个国家和地区。

第一节　彭城瓷器制造业发展历史

陶瓷的发展史是中华民族发展史中的一个重要组成部分，通过陶瓷制作表现出中国人对美的追求和塑造，并在各时期形成了典型技术和艺术特征。在漫长的陶瓷文化发展史中，磁州窑作为中国北方最大的民窑系，具有鲜明的民族特色；它传播广泛，印象深远，中外驰名，在中国的陶瓷发展史中占有重要位置。

一、古磁州地区的早期制瓷技术

早在8000至1万年前，地球上许多地方还是鸿蒙未开，而古磁州地区的先民们已经开始种植谷物，饲养家禽，制作陶器，是为“磁山文化”。继“磁山文化”之后在河北南部太行山区一带的洺河、滏阳河、漳河流域还出土了大量的仰韶文化、龙山文化时期的彩陶、灰陶和黑陶，并有烧制瓷器的窑炉。先商时期，这里成为殷都的近畿之地。其后的周朝、战国、秦汉时期，三河流域成为人类生活的主要居住地，出现了由封建贵族直接控制的陶业作坊、地方官府经营的陶业作坊和私人经营的陶业作坊。汉代，低温釉陶的烧成工艺促进了釉陶的大量生产，为后来的磁州窑陶瓷使用白色的化妆土起了先导的作用。

8000至1万年前，古磁州进入新石器时代。1972年发现的磁山文化遗址，总面积接近14万m^2。1976～1978年在这里进行了3次挖掘，至1978年底，发掘面积达6000m^2，文化层厚度1～2m，不少窑穴深度深达6～7m。出土了陶器、石器、骨器、蚌器、动物骨骸、植物标本等约6000余种。从侧面印证了我国陶瓷业发展的历史。磁山文化的发现将古磁州地区制瓷的发展历史上溯了上万年（图3-1）。

图3-1　新石器时期的泥条盘筑法

来源：作者摄于磁州窑历史博物馆

公元前17世纪至公元前256年的商周时期，以漳河、滏阳河、洺河形成的三河流域成为人群最为集中的地方，目前，仅三河流域就发现了上百处重要的商代遗址。尤其以漳河、滏阳河、洺河中上游两岸最为集中。此时，古磁州地区的制陶瓷工艺已经形成规模，品类多，烧制陶瓷的窑炉也得到了很大改进。

二、春秋战国、秦汉、魏晋时期的造瓷技术

战国时期，三家分晋，古磁州地区属赵地，成为赵都邯郸的京畿之地。城市繁荣，商业发达，促进了制瓷业的发展。秦灭赵后，古磁州地区隶属邯郸郡，汉代隶属魏郡武安县。魏黄初三年（公元 222 年），古磁州区域隶属临水县管辖。1956 年在洺河流域的武安午汲古城发掘了 10 座这一时期的陶窑，出土了大量带印记的陶器和陶片。据考证这是一批独立的小手工业者经营的窑址。窑址里出土了不同姓名印记的陶片，说明每个独立手工业者只拥有为数不多的产品。他们所以在一起生产，或者是因为经营制陶业不是一两个人可以做到的。燕下都遗址曾经出土过“左陶尹”的陶器，说明在战国时期，国家已经有了专门管理制陶业的官方机构。

汉朝时，瓷器在继承周、秦制陶工业的基础上又有了进一步的发展。由于秦代国家统一，各民族之间自然融合，对外文化交流逐渐展开，因而彼此学习、互相促进的机会日渐增多。尤其汉武帝以后，国力日益强盛，文化艺术飞跃进步，同时，农业手工业的发展也达到了前所未有的高度，其中，变化最大的就是制陶业。

三、北朝、隋唐时期古磁州地区的制瓷

北朝时期，三河流域属冀州魏郡，天兴四年（公元 401 年），废魏郡、广平郡、阳平郡等六郡，置相州，治邺，辖临水。东魏、北齐定都邺城，改相州为司州，临水县城为京畿之地。20 世纪 50 年代和 70 年代，在临水境内的贾壁村和临水村发现了北朝时期烧制青瓷的窑址。这些窑址的发现，掀开了三河流域烧造瓷器的历史，被陶瓷界誉为磁州窑的先声。

魏晋南北朝的长期分裂局面到了公元 6 世纪末终于再度统一，建立了隋朝。隋朝仅有 37 年的时间，但在国家政策上制定了一些有利于生产发展的措施，如实行均田制，减轻租税和徭役等，更重要的是，开凿运河使南北经济得以快速恢复和交流，为陶瓷业的发展带来了有利条件。《元和郡县志》记载，“隋开皇十年（公元 590 年）废郡，于县置慈州，以县西九十里有慈石山，出慈石，因取为名”。大业二年（公元 606 年）废慈州，将临水、滏阳县划归相州所辖。

唐代社会经济的繁荣促进了诗文、书画等文化艺术的发展，陶瓷业也有长足的进步。唐武德元年（公元 618 年），复置慈州，领滏阳、临水、武安三县。武德六年（公元 623 年）设慈州总管府，辖慈州、相州、邢州、洺州、黎州、卫州六州。后废除总管府，慈州仍辖滏阳、武安、邯郸县。后临水县并入滏阳县。唐贞观元年（公元 627 年）

废慈州，武安县归相州。永泰元年（公元 765 年）复置慈州，因与河东慈州名称相同，故将原慈州“慈”加“石”字旁改为磁州。同年，“于滏口之右，故临水县城，置昭义县”，领滏阳、武安、邯郸、昭义县。唐哀帝时期，“磁州”改为惠州。五代时又改惠州为磁州（图 3-2）。

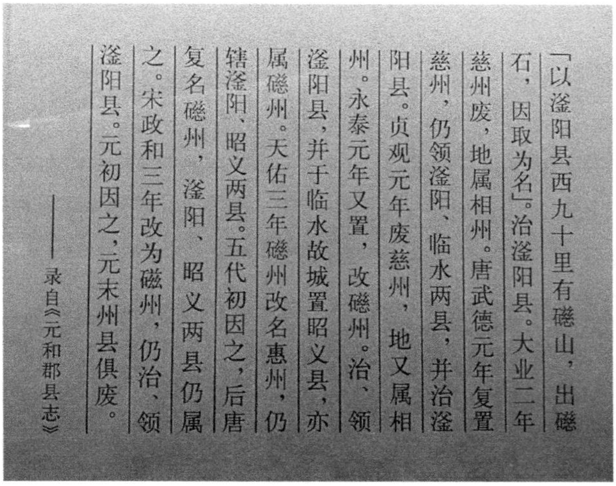

「以滏阳县西九十里有磁山，出磁石，因取为名」。治滏阳县。大业二年慈州废，地属相州。唐武德元年复置慈州，仍领滏阳、临水两县，并治滏阳县。贞观元年废慈州，地又属相州。永泰元年又置，改磁州。治、领滏阳县，并于临水故城置昭义县，亦属磁州。天佑三年磁州改名惠州，仍辖滏阳、昭义两县。五代初因之，后唐复名磁州，滏阳、昭义两县仍属之。宋政和三年改为磁州，仍治、领滏阳县。元初因之，元末州县俱废。

——录自《元和郡县志》

图 3-2　元和郡志

来源：磁州窑历史博物馆

四、宋金时期的磁州制瓷业

宋代是我国瓷器陶瓷业空前发展的时期，各地新兴的窑场犹如雨后春笋般涌现。著名的五大名窑（定、汝、官、哥、均）就是其中的典型代表，在五大名窑之外，影响最广泛的民间窑系便是位于磁州境内的窑场，这些窑场，被后人称为“磁州窑”。

观台窑址位于漳河出口右岸，距县城 40km，隔河与冶子河相望。向南为东艾口窑。1987 年，北京大学考古系和河北省邯郸地区文保机构联合对观台窑再次进行了较大面积的发掘。根据地层叠压关系、出土器物的演变和烧制工艺以及釉色、胎质、装饰技法的变化等，将观台窑分为初创、发展、繁荣、衰落四期七段。基本确定了观台窑创烧于五代后段的北宋初年，停烧于元代末年的学术观点。

临水在宋代为磁州的政治、文化、经济中心，地处滏阳河流域的源头，河运发达，因此治所就设在滏阳县（今峰峰矿区临水镇东）。这里有丰富的煤炭资源，也蕴藏着大量的煤炭伴生的瓷土，且水资源十分丰富，不仅有利于生产，还有利于货物的外运。临水自北朝始烧制瓷器，至宋金时，得天独厚的地理条件使临水制瓷业逐渐发展壮大起来。宋金时期，临水窑场主要分布于滏阳县西部的滏阳河东西两岸，滏阳河东岸的窑场主要集中在今峰峰矿区临水镇西侧一带，滏阳河西岸的窑场主要集中在今峰峰矿区彭城镇（金代为彭城村、临水所辖）一带。从目前发现的考古资料来看，产品主要以红绿彩瓷器为主。由于临水处于滏阳河水冲积地带，所以金代以后烧瓷的窑场逐渐向滏阳河西岸的彭城村转移，至元代时期，彭城一跃成为中国北方最大的制瓷中心（图 3-3）。

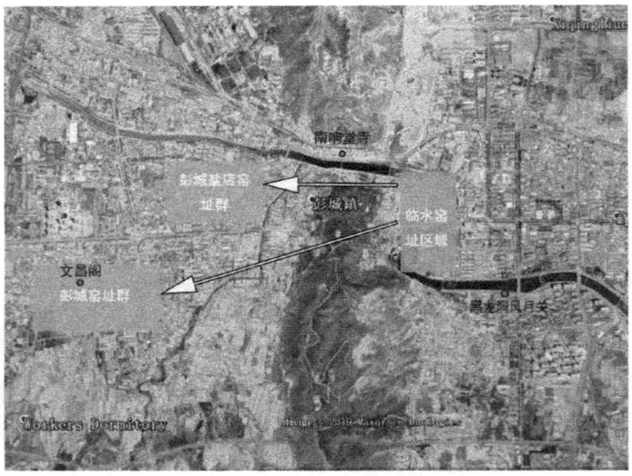

图 3-3　峰峰地区磁州窑窑址的变迁

来源：作者绘

《增修磁县县志》记载：“瓷器产于县境之彭城镇，由宋及今相传已久，窑场密集，瓷店森列。”另外，在彭城东侧的南响堂寺石窟中有一处金大定十年（公元 1170 年）的题记，上书“大定十年四月二十三日中彭城村陈氏盖殿一座”。南响堂寺是北齐皇室贵族遗留下来的规模庞大的石窟寺院，即便在金代，它的寺院规模在中原地区也算大的。彭城村陈氏能够独资在南响堂寺舍建一座大殿，表现了其当时的财力雄厚。宋金时期，彭城无其他工业，农业也不发达，唯一的经营便是制瓷业。陈氏就是彭城最早瓷器窑场的窑主，制瓷业在宋金时初具规模。

五、元代彭城制瓷业的崛起

元代统治阶级对陶瓷业的发展非常重视。《元史》记载，至元十三年（公元 1277 年）曾设立“大都四窑场”，“营造素白琉璃砖瓦”。至元十五年（公元 1279 年），又专门设立了“浮梁瓷局”，掌烧瓷器。元代制瓷业发展迅猛。但因多种因素的影响，到了元代，漳河流域观台窑的生产步入低谷，滏阳河东岸的临水窑场也变得清灰冷灶。而滏阳河西岸的彭城村制瓷业却异军突起，一跃成为中国北方最大的制瓷中心，彭城村也因为陶瓷工业的发展升级为镇的建制。1998 ~ 1999 年，在彭城旧城改造中更是大批量、大规模地发现和出土了数以万计的元代瓷器、瓷片，为彭城在元代大规模生产销售瓷器提供了有力依据。

六、明代磁州窑制瓷业日进斗金

明朝建立之初，采取了一些休养生息的政策措施。尤其是明永乐十九年（公元 1421 年）迁都北京，北方地区政治经济上有了很大的发展。永乐帝为了繁荣城市经济，疏通、修整运河，开通滏阳河，极大促进了磁州窑的再度繁荣。彭城窑场成为我国北方最大的制瓷中心，并且此时朝廷已经在彭城设立了官窑，故有“南有景德，北有彭城”之称，也有“千里彭城，日进斗金”的赞誉，可见明代彭城陶瓷工业的发展进入了巅峰时期。

《明会典》记载：“明代在彭城镇设官窑四十余所，岁造磁坛堆积官坛厂，舟运入京纳入光禄寺。明弘治十一年进贡皇家瓶坛一万一千九百三十个。”《工部十四》记载“宣德间题准，光禄寺每年缸坛瓶共五万一千八百五十个。分派河南布政司，钧、磁二州，酒缸二百三十三只，十瓶坛八千五百二十六个，七瓶坛一万一千六百个，五瓶坛一万一千六百六十六个，酒瓶二千六十六个。”从文献的记载中，可知磁州窑当时已经实现了一定的规模化和规范化。

七、清代、民国时期的彭城制瓷业

清代的彭城窑仍生产白地黑花器物，保持了较大的烧造规模。清初磁州县志记载，“彭城滏源里居民，善陶缸罂之术，舟车络绎，售于他郡”。清末彭城窑开始烧制青花瓷器。清末和民国早期，彭城窑开始了以“粗瓷变细瓷”为目标的全面改良。20 世纪 30 年代初，烧制出了胎白质细的“半细瓷”，极大地促进了彭城窑业的复苏，也为中华人民共和国成立后彭城现代瓷业的发展奠定了良好的基础。

20 世纪初磁县推广针对磁州窑发展制瓷业的改良技术活动。民国时期彭城磁州窑有了相当的规模，据《增修磁县县志》：“民国十一二年，瓷窑增至二百三十五座，缸窑三十余座。”可见当时国内民族工业的发展迅猛。磁州窑窑业也同时得到了较大的发展。

八、1949 年前后磁州窑的发展

1946 年，彭城边区政府建立“工业制造研究厂”（细瓷研究所、华北窑业公司彭城瓷厂），开始了细瓷加工的新时代，为磁州窑的发展提供了技术支持。中华人民共和国成立初期彭城制瓷业开始由私转公的改造，先后建立了鼎新瓷厂（1948 年）和政新瓷厂（1950 年），初步把私营瓷厂纳入公有经济体制中来。据彭城 1948 年生产情况统计表统计，当时公营、私营与公私合营总窑数达到 89 座之多，一年产量达到 27862480 个，产生 312789.2128 万元生产总值。可见当时彭城制瓷业对地区工业发展起了奠基作用。

随着国民经济的迅速增长，于 1952 年成立了河北省峰峰矿区公营企业管理局，开始组建陶瓷一、二、三、四厂。当时，企业职工占彭城总人口的 1/3。据统计，当时瓷厂增加到 440 余座，产值达到 220.12 万元，成为当时该地区的支柱产业。这一阶段磁州窑得到进一步发展。

第二节 商贸建筑遗存概况

商贸建筑遗存是指与磁州窑商业相关的码头渡口、商业街道集市、商业建筑等的遗存。如今商业街道、临街建筑，已经没有彭城老照片中的风采，商贸活力逐渐降低，磁州窑特色商贸活动逐渐消逝。

彭城镇经调查有6处传统集市遗存，集市一般存在于当地传统商业街道上。有些集市在销售瓷器的街道上，如碗市街的碗市；有些则为销售瓷器商业活动的补充，如邻近碗市街有小车市，运输工人集中在此等候活计。集市是最具人气的商业活动场所，连通着街道，聚集着人群[1]（图3-4）。

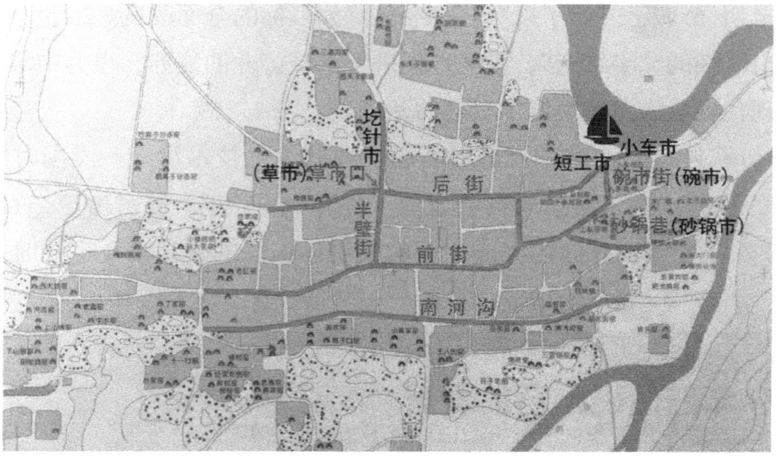

图3-4 传统商业街分布图

来源：作者绘

一、主要的集市遗存

1. 碗市

碗市街上主要销售碗、盘、盆、杯等粗瓷和巧货，店铺相连，人流车流密集，十分热闹。这里出售瓷器种类丰富，店铺最多时达到50余家。在窑场开窑时，一大批瓷货交与各家店铺销售，街道两旁货品堆积如山，只留下道路中间给车马人流通过。

[1] 见赵立春《彭城磁州窑大遗址保护调查》，九州出版社2010年版，第6页。

2. 砂货市

砂货市位于砂货巷内，出售砂锅、砂壶等。砂器是彭城镇的另一类重要产品，用本地陶土和砂土低温烧制而成，在北方地区深受欢迎，是中国烹饪文化中有特色的器皿。民间传说，燕王扫北曾用此锅炖汤，味美而鲜，后成为宫廷御品，遂名气大振。除了砂锅，还有捣蒜臼和面盆、砂盆等产品 80 多种。

3. 圪针市

圪针市在草市北头街道上，以售卖彭城镇山上所产的灌木植物，如圪针、白草、狼牙草、秸秆等为主，用于捆绑、铺垫瓷器。彭城镇西部山乡村民采摘灌木植物，再把原料拿到城镇中出售换钱。

4. 草市

草市在草市口，售卖包装陶瓷的草、草绳等，位于三和街与彭常路交叉处。在过去，窑场包装瓷货是用当地的草搓成绳子捆绑，草绳在当地用量特别大。彭城镇的妇女便把从圪针市买到的灌木植物带回家，把植物处理后搓成草绳，到草市上出售。峰峰矿区文保所曾收存一块草市的《章程》石碑，记述了草市的管理规定。

5. 小车市

小车市在彭城镇东阁里街道，邻近滏阳河码头。集市两旁有很多以修理、制作小车为主的店铺。每日早晨方圆百村的运输工人在此等候活计，各家窑场掌柜视活计多少派人到集市上领运输工人，并谈判运费价格。

6. 短工市

短工市在彭城镇碗市北部，邻近滏阳河码头，五更天就开始人头攒动，称为“短工上市”。当窑场需要短工包装碗盆、搬运货物、干杂活、锄地时都到这里雇短工。这里的短工，多为缺乏技能、刚来彭城的外地人。

二、主要的街道遗存

彭城镇作为明清时期的磁州窑中心窑场和北方制瓷中心，商业活动十分繁荣。文献记载的彭城镇传统商业街道，如今仅剩 6 条街道遗存。传统商业街道满足了当地居民购买生活用品需求，也为外地商人的衣、食、住、行和购买运输瓷器提供了便利。各条商业街各司其职，又联系密切运作有致，形成了彭城镇特殊的商贸布局形式。

1. 南河沟

南河沟是彭城镇最宽敞的一条街道，道路宽约 10m。早期南河沟街内店铺林立，销售米、面等生活用品，是当时主要的日用品商业空间。磁州窑彭城镇每年都会举办很多庙会、集会，大多在南河沟举行。如今，南河沟更名彭河路，临街建筑部分保留原貌。当年的商铺不复存在，也看不到昔日的繁华景象，原来临街经商的房屋多改造成居住建筑（图 3-5）。

图 3-5　南河沟临街商业建筑现状

来源：作者摄

2. 前街

早期前街内有茶馆酒肆、布行百货等，排列有序。老字号的广和成杂货店、天顺祥布店、兴元德磁货店、三合油盐醋店罗列其中。在彭城前街，还有零星散落在街道两旁的商业店铺，我们可以清晰地看到当年的店铺木门和被岁月磨蚀的台阶。前街道路宽约 7.5m，主要服务于当地居民。现在，前街沿街建筑还保留着部分商业用途。但是，大多处于闭门休业状态或部分已经改为居住建筑（图 3-6）。

3. 后街

传统后街主要是旅馆车店，是外地商人居住、租车的区域，也为往来的商客提供临时住宿。后街邻近碗市街、砂锅巷，也靠近半壁街、前街，极大地满足了周围居民和客商的日常生活需求。后街道路宽约 7.5m，后经过改造，保留的传统临街商业建筑较少。现街道立面形态改变较大，但仍以商业为主（图 3-7）。

图 3-6　前街临街商业建筑现状
来源：作者摄

图 3-7　后街现状
来源：作者摄

4. 半壁街

半壁街也称大庙坡，有彭城最繁华、最宽敞的路口和街面。传统半壁街位于彭城古镇中心地带，是南北向街道，连接前街与后街。街内有大量饭铺、酒馆、日用杂货店，满足当地居民和外地商人生活需求。半壁街目前街道加宽，沿街仍然以商业建筑为主。沿街建筑大体已经改造（图 3-8）。

图 3-8　半壁街复原街景
来源：作者摄于中国磁州窑博物馆

5. 衙门街

衙门街位于半壁街西侧，为州（县）行政部门在彭城镇所设治安、税务等代办机构办公的场所所在地。有两处院落，称“文衙”和“武衙”。现已不存在。

6. 碗市街

传统碗市街是销售日用陶瓷的市场街道，邻近彭城镇码头，方便在购买瓷器后，直接运输至码头装载货物。碗市街部分目前改造成艺术街区。有大面积的瓷器厂房改造为艺术中心与手工作坊，大多与磁州窑文化密切相关，文化旅游气息浓重（图 3-9）。

图 3-9　碗市街现状

来源：作者摄

7. 砂货巷

传统砂货巷以售卖砂货为主，与碗市街相邻，是瓷器销售街道的集中区域。街道邻近彭城镇码头渡口，方便购买瓷器后运输至码头装载货物。

三、主要的码头渡口

滏阳河是彭城镇的母亲河，也是当地的运输河道。滏阳河发源于峰峰矿区羊角铺村，是由元宝泉等 72 泉汇合而成的河流，彭城位于滏阳河源头地区。滏阳河向北与滹沱河汇流，称子牙河。全长 403km，流域面积达 2.05km^2。

磁州窑瓷器属于易碎品，若用陆地车运，运载量小，瓷器破损率高。而用河道水运，船舶装载量大，水运平稳度高，瓷器破损率可以降到很低。彭城镇北侧的滏阳河，是当时磁州窑瓷器的主要运输河流。在彭城镇，商贸建筑遗存邻近滏阳河水运河道，售卖的瓷器可直接到附近的渡口装载，再运输至邻近码头，最终运往各个地区。

彭城镇生产的瓷器不仅销往全国各地，也被世界其他国家喜爱，销往世界各地。彭城镇生产的瓷器主要是通过滏阳河运往周边地区和国家，陶瓷水运外销通道为：滏阳河→子牙河→海河。水运从彭城镇开始运输，向北直达天津等处，最终运往各个国家。

彭城镇码头（图 3-10、图 3-11）位于滏阳河南岸，邻近商业街道、集市，方便购买瓷器后运输。明朝时期，滏阳河曾改道，从漳河分支中分离，脱离漳河水患影响。滏阳河河道宽阔，水速平稳，是彭城镇运送瓷器的主要水道（图 3-12）。1488 年刘滉在滏阳河之源的临水、彭城一带游览时，作《滏河》一诗：“二脉支分古洞口，东西屈曲抱村流，柳边风达千层碧，渡口云晴万顷秋。桥济车徙渔集网，路通陶冶客来舟。昨来分付观澜者，道体当于此处求。”诗中“路通陶冶客来舟”，描述了磁州窑产品水陆外运，渡口船只往还的繁忙景象。

图 3-10　码头复原图
来源：作者摄

图 3-11　码头现状图
来源：作者摄

图 3-12　滏阳河道
来源：作者摄

图 3-13　滏阳河装载货物还原图
来源：作者摄

《大明会典》记载：“明代在彭城镇设官窑四十余座，岁造瓷坛堆集官坛厂，舟运入京纳入光禄寺。”清康熙《磁州志》卷之五“营建”载：“官坛厂，在磁州南关石桥东，后移琉璃村，旋复旋移，又再复故处……”在明清时期滏阳河沿岸设有放置官窑瓷器的官坛厂，如今却难寻踪迹。据文献记载推测，可确定官坛厂及码头所在位置，位于陶瓷一厂路、宝山路交叉口的石桥处（图 3-13）。如今滏阳河码头及相关建筑不复存在。

彭城镇凭借自然河流优势，在滏阳河边发展码头渡口，可从史料文献诗文中想象彭城镇码头船运忙碌的景象。如今滏阳河已治理，陆运交通发达，但水运及码头已消失在人们的视线之中。

第三节　商贸建筑特色

彭城镇传统商贸建筑如今所剩无几，在商业街道仅能看到一些老旧商业建筑，但已没有传统商业活动。商业建筑为当地居民经营，建筑通常为前店后居的形式，在彭城镇南河沟、前街、后街、砂货巷均可发现这种商业建筑形式。彭城镇商业建筑具有特有的艺术特色。

一、立面结构

彭城镇临街商业建筑以 1 ～ 2 层为主，当地遗存下来的临街商业建筑大多是 1 层商业建筑（图 3-14）。建筑以砖、石、木材为建筑材料，墙体承重，和传统民居建筑结构一致。

图 3-14　临街商业建筑

来源：作者摄

商业建筑入口铺设砖砌或石砌台阶，多为三步台阶，防止雨水灌入，同时起到分隔空间的作用。台阶平台宽 1m 左右，用石条铺砌，满足了人流停留、往来的空间需要。建筑墙体开设对外的门窗，门窗开设的规律和形式与民居院落建筑门窗相同。在门楣处挂设牌匾，在区分商品种类的同时用牌匾来吸引消费者购买商品。商业建筑屋顶有硬山顶、平顶两种形式，当地商业建筑以木架抬梁式屋顶结构为主，而门楼处较有气势。

二、建筑艺术

当地商业建筑具有浓厚的装饰文化特色，在屋顶、门窗、建筑细部上都有不同的装饰特色。这些艺术手段使得彭城镇商业建筑独具文化特色。在彭城镇商业门面装饰同样重要，用来吸引顾客，也区别于周围商铺。

1. 建筑立面

商铺的匾额装饰和门窗洞口都集中在临街两侧建筑立面上。临街商铺最重要的是要传达商店售卖信息，并让自家商铺能在周围建筑之中突显出来，吸引顾客。商铺建筑立面的门窗或对称或单扇布置，主入口设立在正中位置（图 3-15）。

图 3-15　碗市街门窗装饰

来源：作者摄

2. 大门

商业建筑的大门是重要的出入口。传统临街商铺大门用木材制作，门洞常作起拱处理，如砖券起拱等装饰手法。甚至在今天，新建铁门也是仿木质门的形式。在门上方留有空间，可以挂上牌匾等醒目标志，区分商品种类，便于需要的人寻找（图 3-16）。

图 3-16　碗市街临街商业建筑的大门

来源：作者摄

3. 窗

图 3-17　商铺院内门窗

来源：作者摄

窗以木制（图 3-17）为主，其分隔形式多样，装饰感十足。窗棂格采用木构，井字方格图案，窗头用青砖起拱作简单的变化，这与当地的民居建筑处理方式相同。窗洞也常有砖券起拱等装饰手法。如今，新建商业建筑的窗框装饰也在效仿传统建筑艺术特色。

三、建筑细部

1. 砖塑

作为陶瓷产地，彭城当地也生产各种建筑构件，用于屋脊等处的砖塑构件品种多样，用于屋脊、墀头等部位的纹样雕刻装饰较多（图 3-18）。图案题材主要是寓意吉祥的花卉。

图 3-18　屋脊和墀头装饰

来源：作者摄

2. 影壁

彭城镇的商业建筑多与居住空间结合在一起，形成“前店后居”的形式。临街商业建筑的边侧设有正门，可以抵达院内。当地习俗，入口的正对方位建影壁墙。影壁墙是我国传统民居的构筑物，位于院落大门主入口处，起到遮挡视线的作用。影壁多采用砖石建构，大多由壁顶与壁身构成，一般顶部都有华丽的檐口。彭城当地的影壁壁身甚至用笼盔填充，一方面使得影壁墙保留着原有的作用美观大方，另一方面又充分利用了当地特有文化符号，体现了变废为宝的智慧（图 3-19）。

图 3-19　影壁样式装饰
来源：作者摄

四、建筑布局

彭城镇的商业建筑布局主要包括“前店后居”“前店后厂”和“店厂居一体”三种形式。选取何种布局形式，主要取决于商业的规模和营销货品的类型。

1. 前店后居

前店后居在彭城镇的商业建筑中最为多见，主要分布在彭城镇商业街两侧。临街商业建筑是民居院落中倒座房的位置。倒座外墙高耸，对外无门窗洞口。但商业建筑是对外空间，需要增加门窗洞口，架设牌匾。商业建筑后面是院落和房屋，属于居住空间，我们通常把这种商业与居住前后布置的方式，称为“前店后居”（图 3-20、图 3-21）。

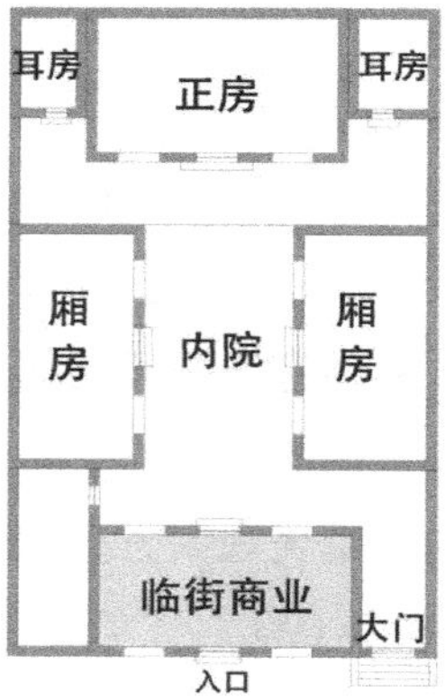

图 3-20　前店后居平面图
来源：作者绘

图 3-21　前店后居的大门
来源：作者摄

院落建筑入口在东南角，与商业部分相邻，但二者互不影响，分开行进。店铺内部有通向民居院落内部的出入口，便于货品运输。彭城主街的商业建筑家家相连、户户相接，形成繁华的商业街区。

2. 前店后厂

随着商业规模的扩大，经营方式逐步从单一的生产或销售发展到生产和销售相结合的模式，随之彭城当地出现了前店后厂的商业空间。临街是商铺，而院落空间不同于“前店后居”的模式，主要是生产空间和仓储空间（图 3-22、图 3-23）。东西厢房用于货品的储藏，正房是手工作坊，进行商品加工生产，例如彭城街道现存的面粉厂。前店后厂进入了生产销售一体的商业模式。

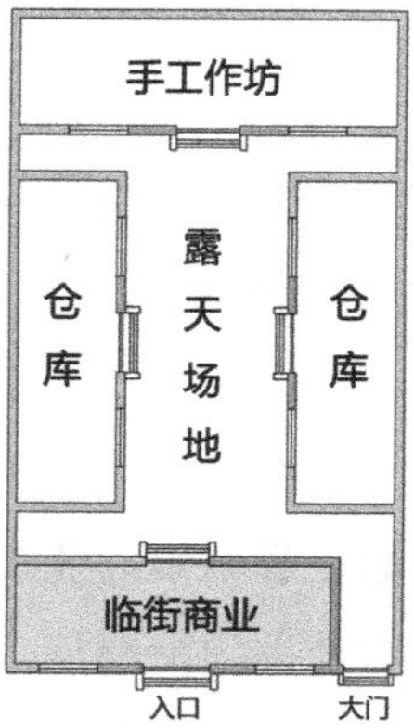

图 3-22　前店后厂平面图
来源：作者绘

图 3-23　前店后厂
来源：作者摄

3. 店厂居一体

在经营和生活中，一部分作坊厂主为了方便商店的经营、生产加工和居住生活，提高效率，通过三进院落的模式，形成前为店铺，中为作坊，后院为较隐私的家庭生活空间的店厂居一体的经营模式。这样的模式建设，一方面能够保留居住功能，另一方面增加了厂房的功能，并且临街部分形成商铺，有效地节约了建造成本，便于商业的生产和经营。现存的一处店厂居一体的建筑位于前街，商铺为单层硬山屋顶，沿街的倒座后墙开设门洞口，作为商铺入口，与院落主入口分开设置（图 3-24、图 3-25）。院落主入口在东南角，前院的东西厢房为厂房，主要的生产加工环节在这里进行。后院是居住空间，前后院之间为一道障墙，正房、东西厢房各三开间。相对前院环境，这里较为安静私密。前后两进院落，从对外开放空间到内部私密空间，将商铺、工厂、居住结合在一起。通过对院落空间的有机布置，彭城镇的商业建筑形成了多种多样的布局形式，将不同功能的区块融为一体，既保证了生产与生活，同时满足了商品买卖的需要，是当时民间商人与劳动人民智慧的重要体现。

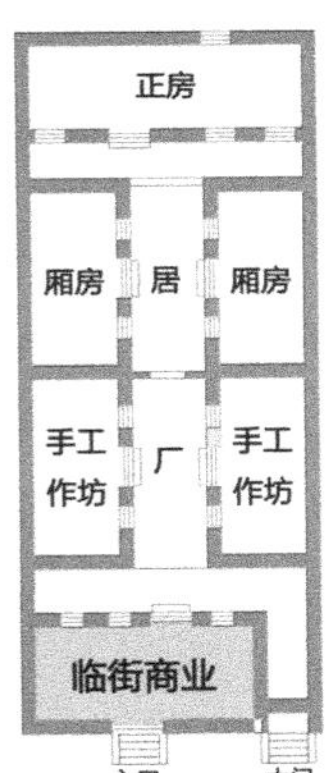

图 3-24 店厂居一体平面图
来源：作者绘

图 3-25 店厂居一体的店面
来源：作者摄

第四章

张家楼古磁州窑村落文化

第一节　张家楼村落的概况

磁州窑窑场文化不仅影响了当地彭城居民的文化信仰，还影响着他们的居住和生活习惯。张家楼是彭城保留较为完整的具有古磁州窑特色的村落，这里是当年窑场的窑工生活聚集之地。

一、名称传说

张家楼村落名字的由来说法不一，时间上可以追溯到宋代或者金元时期。民间传说有三种说法：第一种说，在清代一场大地震中，村子里唯有张家门楼未倒塌，村民取吉祥抗震之意，故命名张家楼村。另一种说法则是说磁县西乡的张氏兄弟在花山脚下挖出瓷土烧瓷，并在土崖上挖土洞居住，越来越多的人在此挖土居住，因此窑洞在土崖上形成上下层叠，像阁楼一样，便把这里称作张家楼，形成了张家楼村。还有一种说法则是宋元时期，来到彭城镇陶瓷窑场做工谋生的张姓汉子携妻儿老小至此，看到镇南山野间有一黄土台地突兀，便在土壁跟脚凿洞为室，并在山野间种粮植树就此生活。为防止野兽危及性命及硕鼠偷盗粮食，张家人便在窑洞上又凿出一洞让女儿带着粮食住在上洞，就此形成了两层楼形式的窑洞，被朋友戏称“张家楼”，之后窑工们在此聚居形成了张家楼村。

张家楼村落的名称来源、形成时间和民间传说多与磁州窑的文化背景联系紧密。张家楼村的村民普遍认为张家楼村自宋元时期形成，因为当地生产瓷土，周围居民聚居于此，形成村落。由此可见，张家楼村落的选址与形成和磁州窑瓷器生产关系密切，作为磁州窑文化影响下的历史村落，张家楼村落的选址因素与普通村落存在特殊差异。

二、自然环境

张家楼村落地处河北省邯郸市，属于暖温带半湿润大陆性季风气候，春秋两季较短且干旱少雨，冬夏两季较长，夏季炎热多雨，年平均气温 13.5℃，年平均降水量 627.2mm，全年无霜期 200 天，年日照 2557 小时，气候适宜，适合居住和耕种。

张家楼村落处于槐山山脚，树林植被茂盛，土壤岩石方便开采使用，山脚下有大片开阔土地，适合耕种。村中有河水流淌，生产生活用水得到解决，整体环境比较安逸，自然资源丰富。

张家楼村落位于磁州窑制瓷中心彭城镇的东南方向约3km处，属于峰峰矿区境内。峰峰矿区地处太行山南段东麓，为太行山与华北平原过渡地带。境内地貌特征多为山间盆地与倾斜平原。张家楼村东侧紧邻老槐山，南靠花山，村内海拔不同，自西北向东南呈增高的趋势，沿河排布的历史村落南北两部分海拔差距较大，西侧新村相对来说海拔差异小（图4-1）。张家楼村南边和东南方向有两条河流自老槐山山涧流出，至观音庙汇流，向村北的二里沟流去，经二里沟再向东北流淌，汇流成滏阳河的上游，为滏阳河的源头之一，村庄就建立在山涧西侧稍平缓的河沟两岸，符合我国古代“依山傍水”的布局形式。

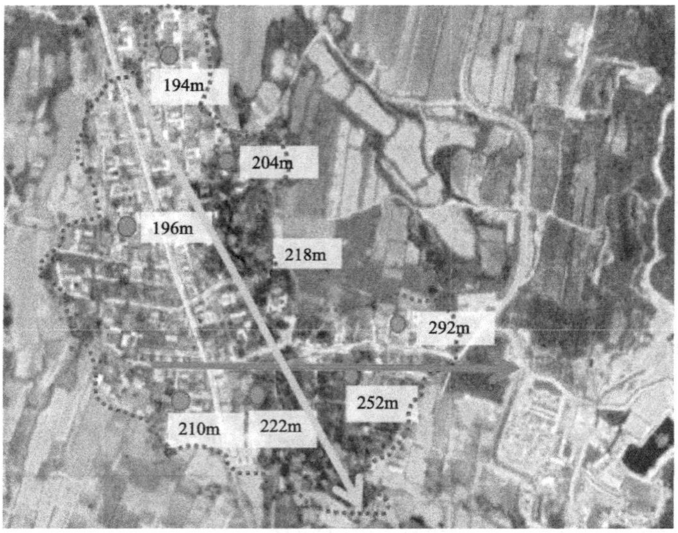

图4-1　张家楼村落海拔变化图

来源：作者绘

1. 经济水平

张家楼村现有居民2000人，400多户，耕地1500亩。

张家楼古村闲置民房165户，1831间，建筑面积16043m^2，占地面积200余亩。张家楼以盛产瓷器原材料大青土出名，过去村民除了务农以外，多在窑场打工、取土贩卖给窑场或是制作瓷器为生。无限量、无节制的取土导致大青土供不应求，加上灾害、战乱和现代化的发展，以及邯郸陶瓷行的整体转型，现在张家楼村村民多在外打工维持生计。

峰峰矿区以矿产资源丰富著名，张家楼村背靠多座大山，在村落周边发现多处煤窑。

据张家楼村村党支部书记郝贵林介绍，2000 年以前，张家楼村民在矿上打工，月收入在几千元，村里收小煤矿的租金每年可达 100 多万元。煤矿资源有限，不当的开采导致土地塌陷，村民赖以生存的耕地土质被破坏。2000 年以后，村里煤窑陆续关闭，村民多外出务工。

2. 文化习俗

由于张家楼村与磁州窑制瓷文化的关联性大，磁州窑的历史悠久，张家楼村当地的文化习俗形成了许多具有磁州窑文化特色的传统文化，其中流传下来的有“老缸调”和“剪纸”。

“老缸调”，又叫“老窑调”，是一种窑场独有的小曲。在明朝初期，大量山西捏缸匠人来到彭城镇，为彭城窑增添了烧缸技艺，同时将山西梆子等曲调带入彭城镇。经过当地居民的翻唱改编，形成了劳动间歇的说唱，类似“落子”之类的表演（图 4-2）。老缸调可以由两人对唱，也可以多人合作表演，表演内容大致以窑场工匠的生活和爱情为主。演出的乐器由最初的敲击缸碗，到现在的二胡、琵琶等多种民间乐器。表演对象多是文化水平不高的窑场工人，老缸调以口头形式进行传承，经过长时期的流传，仅在张家楼村仍有流传。

“剪纸”，过去被称为“磁州剪纸”或“峰峰剪纸”。张家楼地区的剪纸文化与峰峰当地剪纸文化大致相同，常选用单色彩纸，线条简单夸张，内容饱满，是峰峰三大瑰宝之一（图 4-3）。

图 4-2　老缸调演出现场

来源：网络

图 4-3　峰峰剪纸

来源：网络

张家楼村民风淳朴，信仰文化丰富，除了对天地山河众神灵的崇拜，还有对窑神、火神等制瓷相关神灵的信仰崇拜。张家楼村空间形态的形成，建筑材料的选用也与磁州窑文化息息相关。

第二节 张家楼村落的选址与形成

村落选址，是指在建筑之前对地址进行论证和决策的过程，具有长期性和固定性，并决定了一个村落的发展好坏，是制定村落发展目标和发展战略的重要依据。通常需要提出所设定的区域及其周边环境应达到的基本要求，再对设定区域及环境进行详细分析、比较，最后作出合理的决定。

村落选址的基本要求一般包括：自然资源丰富，保证村落长期发展需求；良好的水资源，维持日常生产生活需求；稳定的社会环境，远离战乱；交通便利，有利于村落的扩展与对外交流；良好的地理环境，自然灾害少，有利于村落的稳定发展。其中，利于生产常常是村落选址第一位的需求。

一、区位分析

彭城镇作为磁州窑明朝之后的中心窑场，镇内窑场林立，商业建筑和庙宇建筑众多。经过明确分工及选址后，窑场多建在彭城镇内及邻近的村落，窑场各行师傅在窑场附近或就近村落居住，外来务工人员多在外围或原材料采集地附近居住（图 4-4）。

张家楼村落属于彭城窑场外围附属空间（图 4-5），其整体经济发展较低，居住阶层靠下。同时张家楼村为瓷器生产原材料产地之一，原料在此开采运输方便，适合外来务工人员及打工者居住，也与张家楼名字由来的后两种说法相关联，均与磁州窑文化密切相关。

图 4-4 彭城镇示意图

来源：作者绘

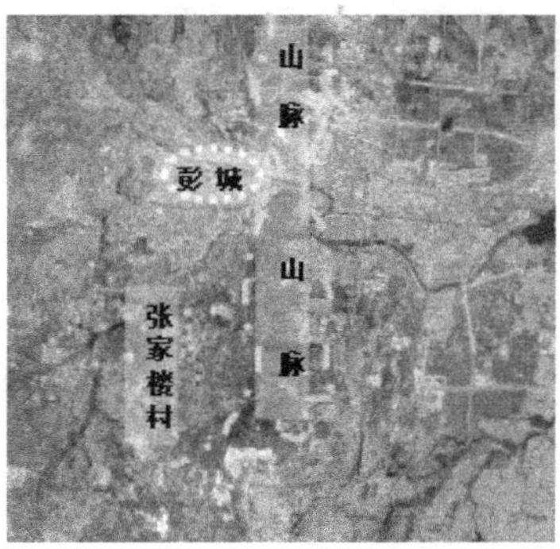

图 4-5 张家楼村与彭城镇区位示意图

来源：作者绘

此外，陶器的生产会产生炉渣、灰渣及废弃材料等，渣堆的堆积地点需要远离中心窑场，便于市区居民出行。另外，灰烬污染严重，张家楼村处在大片开阔地区，居住人员较少，为避免污染，渣堆选择堆放此处。

二、资源条件

彭城镇制陶业的发展带动张家楼村的建设发展，并对张家楼村的形成产生巨大的影响。张家楼村落以山为屏障，以水为中心在彭城镇外围得以形成发展。

长久以来制陶业由手工拉坯逐渐转型成机器生产，其过程悠久，历史文化气息浓厚，各阶段所用原料不同，制成种类不一。张家楼村除了提供优质瓷土，同时也烧制瓷器。民国年间，张家楼村大批量烧硫黄，成为冀南最大的烧硫黄专业村。陶瓷烧制离不开土壤、煤炭、水源等自然因素，对外销售和运输亦是陶瓷业发展的重要条件。制陶业的发展同时对居民的生产生活带来了不同的影响。

1. 气候适宜

陶瓷的烧造和窑炉的垒砌要求外界降水量小，坯料的晾晒要求阳光充足、空气湿度低，适宜的气候条件为陶瓷的烧造打下良好的环境基础。总体上讲张家楼村的气候，温湿度适宜，四季分明，比较符合陶瓷烧造的要求。

2. 煤炭资源

峰峰矿区是一座因煤炭资源开发而兴起的城市，是全国著名的煤炭产区，其煤炭资源丰富且品质较高，煤炭开采历史久远。早在北魏《水经注》[1]中就对采煤藏石炭有记录："魏武封于邺，城之西北有三台，皆因城谓之基，建安十五年（公元 210 年），魏武所起，中曰铜雀台，南曰金虎台，北曰冰井台，上有冰室，室有数井，井深十五丈，藏冰及石墨焉。石墨可书，又燃之难尽，亦谓之石炭。"

陶瓷烧造由早期的柴烧发展为煤炭烧制，宋元时期陶瓷业达到生产高潮，其煤炭用量增大。张家楼紧邻彭城镇，陶瓷烧造技术日益高超，其煤炭资源需求增多，因此，煤炭是彭城镇磁州窑发展的必要延续。宋元时期，磁州窑发展到达了顶峰，对煤炭的需求量日益增多，峰峰矿区的煤炭资源为陶瓷产业的蓬勃发展提供了有力的保障，是造就宋代磁州窑巅峰时期的一大助力。峰峰矿区以煤炭产业发展生产，推动城市化建设、经营及发展，亦为磁州窑瓷器的运输与销售提供了经济支持。

[1]《水经注》作者是北魏晚期的郦道元。全书共 40 卷，详细记载了 1000 多条大小河流及有关的历史遗迹、人物掌故、神话传说等，是中国古代最全面、最系统的综合性地理著作。

3. 土壤资源

图 4-6　大青土
来源：作者摄

彭城当地的土质难以烧造细瓷，为了改善瓷器外观品质，改用化妆白土，烧制出磁州窑系特色的粗白瓷，磁州窑生产的白瓷在我国地位极高，其白地黑绘的装饰亦是独树一帜，奠定了磁州窑粗犷大气的气质风格。磁州窑的制瓷原料主要有彭城当地的二青土，羊角铺的黑釉土，车往口的碱石，以及张家楼的大青土（图 4-6）。张家楼村附近的花山盛产瓷土，土质较硬，黏性好，可塑性强，烧成后成色较白。张家楼出产的大青土较周围村落土质细腻，质量更高，为磁州窑特色白瓷的生产打下有利的基础。目前勘探地质层土质情况得知，彭城镇附近各地青土所在较浅区域已被采取殆尽，张家楼河庄一带仍可开采使用。这一带可开采地位于鼓山与九山之间，长度约 3km，已采部分约占一半。就开采情况可知，张家楼附近青土资源多，储备量足。

4. 水资源

张家楼村中河流自南边山间发出两支流在村内汇合后向北流淌，当地部分居民称其为"野河"。在古时水量充足，既满足村民日常吃水用水，同时陶瓷生产需要用水和陶泥、调和釉料、冲洗砂土等，大量的生产用水取自野河，为制陶业提供了良好的用水基础。据记载向村北流出的两条河流，汇成滏阳河的源头之一，在水量大时，亦可通过木舟向彭城镇内运输青土及陶瓷制品。水资源充足在张家楼制陶业的发展上起到至关重要的作用。

三、地形地貌

张家楼村地处太行山与华北平原的交界处，海拔在 200m 左右，属于丘陵地形。这部分区域内断裂发育，岩体易风化，地貌上多有逆构造地形分布，适合农耕，常是居民聚居地集中区[1]。张家楼村周边的山脉多黄土和瓷土，矿物质元素丰富，土质黏度高，土壤多在垂直方向生长。张家楼村的村民收入低，最初选择在山脚下挖洞建成土窑洞建筑，这一带的土质具有较好的稳定性和整体性，适合挖窑洞。

[1] 闫纯有：《邯郸地区地貌与构造》，载《河北建筑科技学院学报》2000 年第 4 期。

四、水陆交通

图 4-7　张家楼村的河道

来源：作者摄

水在古代不仅是生活的必需品，亦可形成运输航道，便利的水利资源是带动经济发展的重要资源之一。

古时磁州的对外运输以水路为主，因此张家楼既为滏阳河支流源头所在地之一，水运尤为便利，对原料和部分瓷器的运输起到关键的作用。滏阳河即为古时磁州水路航线之一，主要用于运输瓷器、粮食等。在《磁县县志》中已有记载："滏阳河为我县唯一之水路，发源于神麇山下……彭城瓷器与西左峰峰之煤赖以输出者为数不少，而杂货等逆流而上者亦很多。"

张家楼村中的河道结合泄洪而挖筑，穿村而过（图 4-7），由南向北流入滏阳河，既解决了洪涝灾害问题，又满足了居民生产生活需要，同时还用于原料的运输。陆路交通以工人推板车拉运原材料及货物为主，是彭城镇主要交通形式，在铁路运输盛行之前，在城镇与乡村间使用居多。张家楼古村自河道两侧向北延伸出两条主要道路，沿着东侧山体出村至东西向主干道及鼓山脚下。因此推测，张家楼出产的大青土及烧造物多以板车拉运至彭城镇及各大窑场贩卖。

直至清末平汉铁路建成后，水上运输逐渐衰退，行船渐渐被阻止，铁路支线的开通打开了由铁路与各个城市连通的新局面，并出现了铁路运输模式。彭城镇生产的陶瓷改为就近装车外运，滏阳河不再用于运输，水上运输路线就此结束。

20 世纪 50 年代前后，彭城镇陶瓷产业迎来小高潮。陶瓷产业不断扩大，对于瓷土的需求量日益增多，张家楼村与彭城之间修建了专用铁路。自此，板车的运输方式逐渐被铁路和汽车所代替。

第三节　张家楼村落的布局与形态

纵观张家楼村位置分布，是典型的依山傍水式村落格局。张家楼村附近山上盛产瓷土，是磁州窑原材料之一；村内河流向北流淌，解决张家楼村民磁州窑瓷器生产及日常生活用水需求；村内建造村民信奉的土地庙、火神庙、玉帝庙等，是窑场工人的重要信仰和精神依托，现在已经被迁移、重建或消失。张家楼村的传统建筑和彭城街里建筑风格相似，多建于民国年间和中华人民共和国成立初期，建筑材料多以当地黄土及岩石为主，笼盔及其他烧造废弃物为辅，颇具特色。

一、空间结构

空间结构反映了村落环境中各类空间的组织与联系，是不同环境造就的观念、习俗、仪式等文化特征的外在表现。不同的地域有不同的空间结构的延续，并在一定程度上能够比较完整地反映出产生的文化背景及其历史信息。这里的空间结构主要从张家楼村落整体平面布局形态进行分析。

张家楼村的形态特征是古村与新村并存，以主要入村道路为分界线，建筑特征区分明显（图 4-8）。古村的建筑特征以笼盔墙、黄土和灰砖为主，院落布局紧凑，靠山的院内多建窑洞。新村的主要街道建筑外墙经过规划粉刷，以黄色为主，砌筑砖块多为红色，内部院落较宽敞，窑洞形式建筑不多。

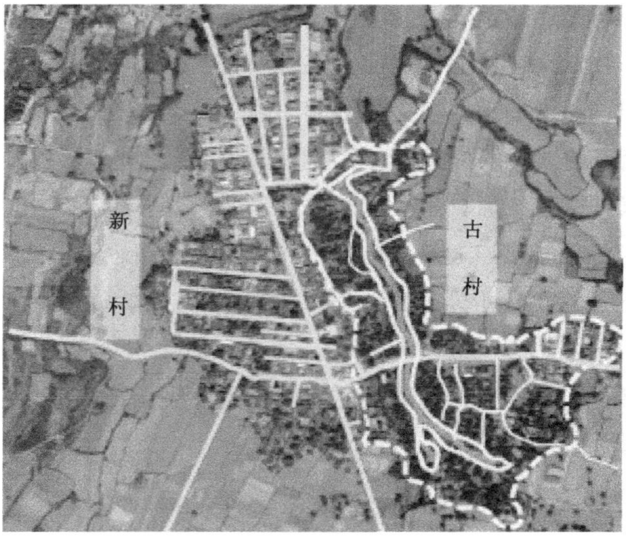

图 4-8　张家楼村空间结构示意图

来源：作者绘

张家楼古村位于地势高低变化明显的山脚，空间形态呈条带形。主要沿河道两侧延伸与展开，河道作为村落发展的主轴线，截止于山势较高的地方，顺应地形地貌布局，注重整体环境与村落的统一发展。建筑以河流为中心向两边分布，并随等高线分层排列，山脚下的建筑依山建窑洞，面向中心河道。河道既是生活用水的主要来源，亦是村里的主要空间骨架，民居院落由骨架发散出去形成丰富的邻里巷道，构成次要骨架。

这种带状形式布局，有利于邻里之间的互动，生产生活用水方便，层次变化性大，顺应地势地貌，减少占用耕地面积，整体环境古朴静谧，景色优美。但是建筑布局过于紧凑，海拔差异大，导致村内道路不平整，建筑布局不规律，道路肌理错综复杂。

新村位于地势变化小，相对平坦的宽阔地域，空间形态呈条带形，空间布局沿主要交通道路向两边进行空间的延伸。因为新村与古村落联系紧密，大部分民居向主干道西侧排列布局，小部分民居在古村北边重新规划布置，民居建筑规整排列，空间结构呈鱼骨形。

这种分布方式既有利于生活需求又有利于邻里交往，丰富的公共空间给村民们提供了更多的空间进行集体活动和休憩，由公共空间向私密空间的转变也符合人们的行为需求和心理要求，整齐的等级划分排列也给村民以安全感和归属感，使空间层次更加丰富，以便更好地居住、使用及休憩。但是新村落的整体环境一般，植被覆盖率低，建筑风格缺少传统特色。

二、道路层次

道路肌理是历史村落的标志和重要组成要素，是经过长时间的沉淀和村落共同发展形成的，体现了不同地域的历史村落的精神气质。历史村落的肌理构成了村落空间组织形态，反映村落的布局规律和建筑密度，也是历史村落空间层次形成和体现各种组成要素尺度变化的重要因素。

不同层次的街巷道路组织围合不同的功能空间与建筑活动，是村民日常生活使用的重要场所。按照不同的等级排列，组织不同的空间层次，也为张家楼村的空间布置添上一笔绚丽的颜色。

张家楼村的道路层次主要分为三层：河道两侧主要道路、街坊道路和宅间巷道（图 4-9）。河道两侧的道路为张家楼村居民生活休憩的主要交通空间，道路贯穿整个张家楼古村落。河道两侧道路起伏变化大，由坡道和台阶连接，随河道的曲折弯曲变化，宽窄不一，铺装不同，有片石铺地、碎石铺地、青砖铺地、匣钵片铺地等。

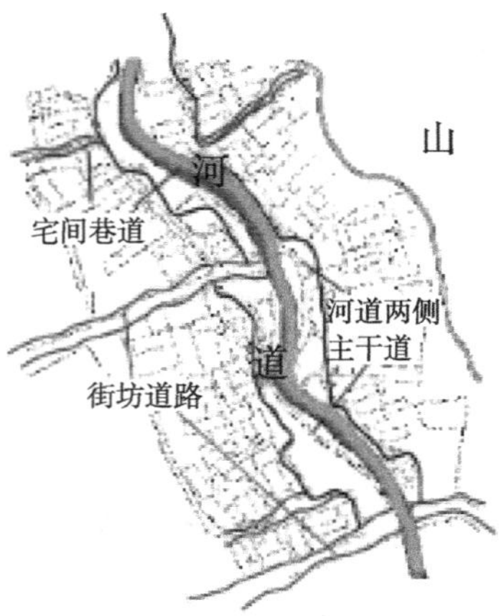

图 4-9　张家楼村空间层次图

来源：作者绘

在张家楼新村中贯穿南北的主干道和东西走向的次干道均为街坊道路，其宽度 4 ~ 5m，为村民生活使用的主要道路及主要出入大道（图 4-10、图 4-11）。

图 4-10　河道一侧主要道路

来源：作者摄

图 4-11　主要入口道路

来源：作者摄

宅间巷道是通向各户住宅的小路，主要是巷道周围的几户人家使用，有通向其他大路的，也有尽端式半私密性质的。宅间巷道比街坊道路要窄，张家楼古村的宅间巷道无铺装要求，常见的是不规整的土路或是砖石铺地，新村小道大部分用水泥抹平，宽度 1.5 ~ 2.5m（图 4-12、图 4-13）。

图 4-12　新村的街坊道路

来源：作者摄

图 4-13　水泥路、黄土路面和铺砖路面

来源：作者摄

张家楼古村与张家楼新村的空间层次存在明显的差异。张家楼古村的空间层次由于地势原因，高低错落感较强，道路空间的变化大，层级区分不明显。又因为古村落的布局不做统一规划，道路系统不发达。张家楼新村的规划建设充分考虑到生产生活需求，将主要道路与宅间小道的空间层次拉大，路面经过整平和抹灰等处理，道路层次分级明显。

三、空间界面

不同的村落空间是由不同的建筑物、构筑物、小品、绿地、道路等共同围合而成。

古民宅、古祠庙、古井、古桥、古树、古堰坝，笼盔筑成的院墙，随处可见的石碾和老缸，弯弯曲曲的小河，它们包含了人们的各种生活与活动印迹，记载着不同的历史与情怀。这些构成物的外界面则赋予了一个村落与众不同的气息与文化。

张家楼的文化背景与磁州窑文化紧密相关，这促成了它与众不同的界面特征。张家楼的空间界面从空间构成的角度可以分为水平界面和垂直界面。

1. 水平界面

水平界面主要元素包括道路铺面、屋面、院落地面、绿地和河流。

张家楼村的道路铺面样式分为未设铺装的土路、铺砖路面、石块路面、石子路、笼盔片以及不规整石块或瓷片拼接路面（表 4-1）。张家楼村地势不平，在古代时通常不考虑地面铺装，从绿地或黄土地自然趟出道路。黄土地不断遭受雨水的冲刷，土质流失快，黄土遇水成泥，道路泥泞难行，给村民的生活出行带来不便，需要对道路进行整治。张家楼村落周边岩石资源丰富，村民就地取材，在黄土地上铺设砖石。瓷器的烧制带来大量的废弃物和废渣，村民在路面上铺设匣钵碎片和灰渣，既美观又防滑。张家楼新村主要道路为水泥路，宅间道路部分有砖块铺装。此外，张家楼村正在进行“张家楼艺术公社”项目的改造和整治，在道路的铺装上增加了以石磨盘排列拼装的样式。整个张家楼村的铺装分片区划分，造型各不相同，选材因地制宜，成本低，样式美观多变。

张家楼村的道路铺装样式分析　　表 4-1

分布情况	铺装分类	铺装样式
古村宅间巷道	黄土路面	
河道两侧主要道路、宅间巷道	青砖路面	

续表

分布情况	铺装分类	铺装样式
河道两侧主要道路、台阶	石块路面	
河道两侧	石子路面	
河道两侧主要道路、出入口道路	匣钵路面	
河道两侧主要道路	磨盘路面	
古村主入口街道、新村街坊道路、新村宅间巷道	水泥路面	

来源：作者自绘

张家楼村主要采用平屋顶，屋顶呈灰色，屋面不涂颜料（图 4-14），部分建筑单体采用硬山灰瓦顶，屋面呈深灰黑色。此外，还有一些院落，在屋顶檐口上方，围绕拦马墙设置笼盔或缸作为女儿墙或装饰。

院落中的地面不铺设砖石，采用天然的黄土地与草坪，院内常种植大树，不再做其他装饰（图 4-15）。

张家楼村内除了装饰后的铺地和未经装饰的黄土地外，部分空地为绿地，或种植花草，村落周围散落着大片的农田。张家楼村的河流在古代时水流量较大，青山绿水，道路上随处可见笼盔罐及碎片、石磨盘以及当地山上的大青石与夯土路结合，整个村落环境优美，形成一幅与众不同的窑文化风情画卷。

图 4-14 平屋顶的屋面
来源：作者摄

图 4-15 院落的地面
来源：作者摄

2. 垂直界面

垂直界面包括山、建筑立面、树木、河道、围栏、台阶等内容。

张家楼村属于山脉下的盆地地貌，周围山体众多，起伏的高山是张家楼村落垂直立面的背景体现，和张家楼村落窑洞的建造联系紧密。

张家楼村形成时间久，村内古树林立，村落中道路两旁和院落中间都有种植，院落门前由村民自发种植竹子或花草，整个张家楼村植被茂盛，至今仍有多处古槐树被保留下来。

张家楼的建筑造型独特，多采用平顶房，在少部分宅门或正房用硬山灰瓦顶，因为起伏的地势，使屋顶亦为可见的垂直界面的元素。建筑墙体有黄土墙、笼盔墙和砖石墙几种不同立面造型（表 4-2）。院门采用黄褐色或黑色门板，拱顶或平顶门框。院落外墙少开窗，窗户面积较小。屋顶拦马墙上放置大缸或笼盔。部分建筑无前院，以窑洞的拱顶形状呈现在建筑立面上。部分建筑局部盖两层，楼上空间小，窗洞多为方形，大小不同。

张家楼村的立面样式分析　　表 4-2

立面分类	立面分析	立面样式
黄土墙	张家楼村民依山建窑洞，称为土窑洞，土窑洞外立面无砖石承重结构，立面表现简单，不作装饰	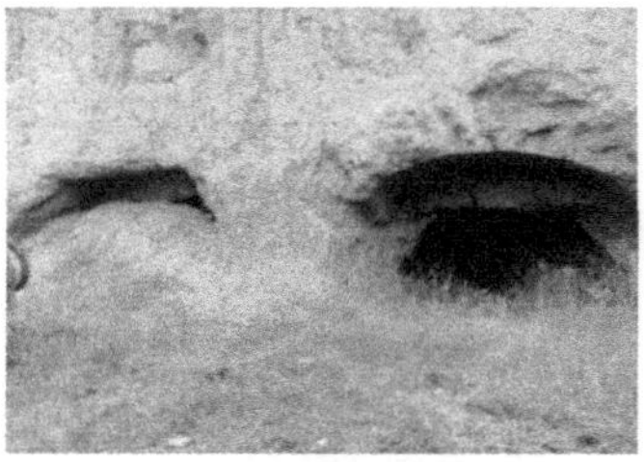
砖墙	整个外立面砖砌，墙体由砖结构承重，除了门洞和窗洞外，墙上无装饰	
石墙	建筑外墙体由天然石块砌筑，黄土抹平，承重结构为石块承重	
砖石墙	砖石墙体由砖块与石块共同组成，分为上砖下石和砖石相间两种造型，由砖石作墙体共同承重	
笼盔墙	笼盔墙外立面主要由笼盔和砖块相间垒砌组成，部分墙体由砖块、石块和笼盔共同构成。笼盔竖向放置，色泽呈金属暗红色	
窑洞形式外墙	窑洞建筑内部空间为拱顶结构，无墙柱。外部结构由砖石砌筑，平屋顶外观，外立面墙上有与屋内相同的拱顶造型	

续表

立面分类	立面分析	立面样式
二层楼	少部分建筑在局部有二层空间，二层高度相对一层较低，墙上有窗和门	
顶上有缸	在较高的平台或屋顶上将大缸倒置排列	
顶上有笼盔	部分房屋在屋顶拦马墙上竖向摆放笼盔	

来源：作者自绘

张家楼村的河道经过多年的废弃和雨水的冲刷，河沟里杂草丛生。近两年来，当地村民对河道进行了修整、抹灰、装饰和加建围栏等（图 4-16）。

围栏作为垂直立面的一部分，装饰效果和表现形式体现了磁州窑文化的陶瓷特色。河道的围栏底部叠砌两层灰砖，砖上用竖立的笼盔并排排列，笼盔顶部再砌两层砖块，并用黄土或石灰抹缝。围栏高度较低，并有多处通向河道的台阶，方便生产生活取水。

图 4-16　河道的整修
来源：作者摄

除此之外，桥梁也是河道上的一部分，是垂直立面的重要元素之一。整修河道的同时，在河道原石桥遗址上重建木桥、石桥等，对原有石桥进行翻新和加固（表 4-3）。

张家楼村的桥 表 4-3

现存情况	材料	位置	桥的样式
福临桥 在原桥基础上 加以装饰	石头		
福圣桥 在原桥基础上 加以装饰	石头		
情侣桥 新建	木材		
福喜桥 在原桥基础上 进行装饰和加 固处理	砖石		

续表

现存情况	材料	位置	桥的样式
新建	木材		
原有古桥	石头		
原有古桥	石头		
原有古桥	石头	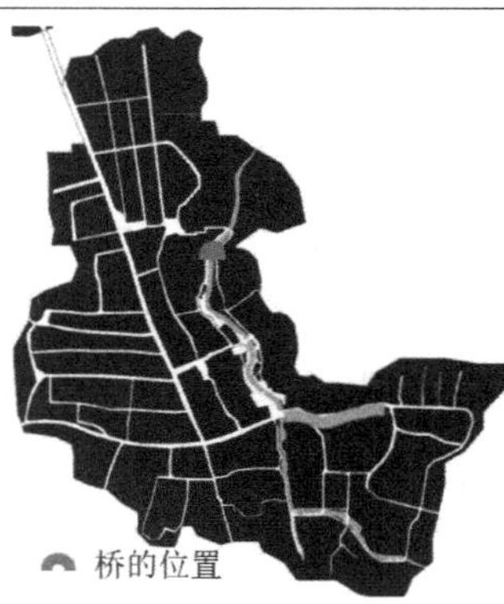	

续表

现存情况	材料	位置	桥的样式
原有旧桥重建	石头		
在原有桥上加装饰	石头		

来源：作者自绘

由于地势与河道走向，张家楼村落地势变化大，村内道路以坡道和台阶连接。台阶的样式分为两种：一种是以地形变化为基础，台阶以天然的石块或土路的断面为层级，整齐度不高，未经装饰；另一种是由人为堆砌，选择青砖或石块经过人工砌造逐层铺设成台阶，台阶数量没有硬性规定，高低宽窄不作规定。坡道的坡度不等，长短不一，自然性强（图 4-18）。

村落内建筑的排布不是笔直且对称的，沿河道布置的建筑多与河道平行。院内各房间之间高度不同，正屋高出地坪，用台阶和屋前平台连接。建筑背靠山脉，或在山脚建窑洞，建筑布局随山地形势高低起伏。整个村落的垂直界面变化多，河道两岸各有风景。

在张家楼村落的节点空间中，入口式节点空间多处于古村落中；小广场节点空间数量最多，集中分布在村落北部河道两岸；街坊巷道空间以新村为主要片区，分布均匀；宅间巷道分布较散，整体环境较差（表 4-4）。

张家楼村落的节点空间数量较多（图 4-17），可以根据位置和面积的不同进行改造和景观设计。

张家楼村节点空间的分析　　表 4-4

分类	尺度	位置	示例
入口式节点空间	尺度最大，灵活多变，形式不规则，主要用于聚会和交通疏散	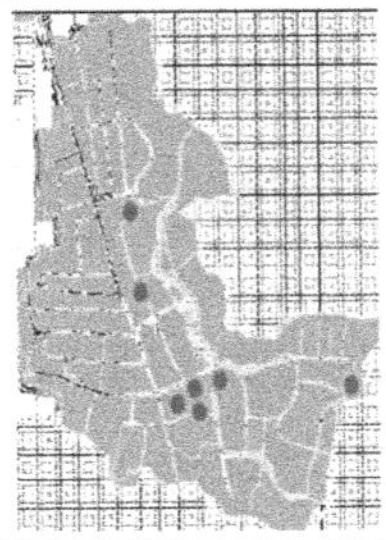	
小广场节点空间	尺度较大，面积和方位不定，多用于疏散和祭祀	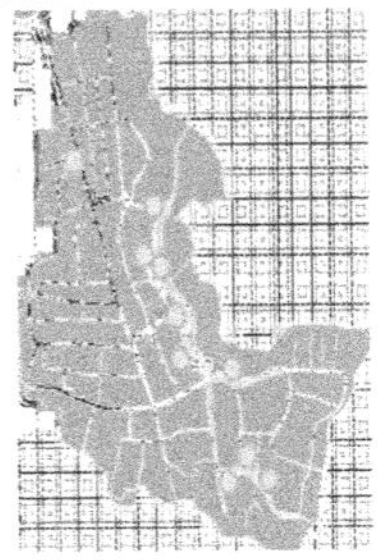	
街坊巷道交叉空间	尺度适中，多用于休憩玩耍	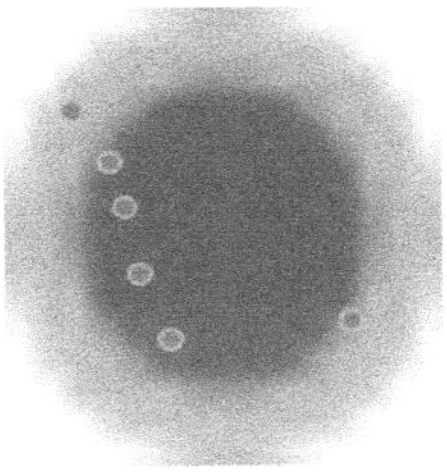	
宅间巷道节点空间	尺度较小，起到交通作用	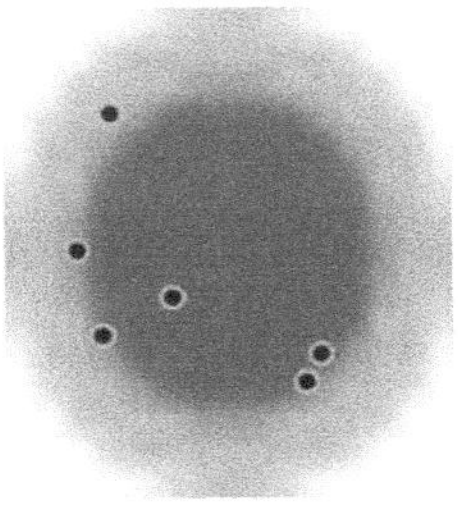	

来源：作者自绘

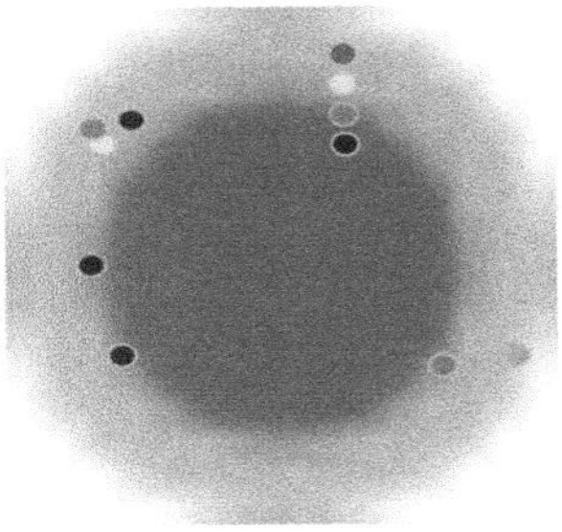

图 4-17　节点空间分布图

来源：作者自绘

四、主要的特色建筑

建筑是一个村落组成的基本单元。村落的整体风貌由建筑的布局结构、不同的院落形态、建筑风格与特色等多方面因素组成。建筑可以按照其使用的性质划分为生产性建筑和非生产性建筑。

张家楼古村中生产性建筑仅有陶瓷烧制所用的窑炉，非生产性建筑有居住建筑和其他公共建筑。张家楼村的公共建筑为村民提供不同的社会活动空间，包括村委会、机关单位办公楼、学校、庙宇、戏台、供销社、杂货店、宗祠等建筑。

张家楼村的主要历史建筑遗存有生产性建筑馒头窑，非生产性建筑有庙宇建筑和居住建筑，其他公共建筑因为年代久远或是功能缺失，早已不复存在，甚至连建筑遗存位置也无法核对记录。

1. 馒头窑

张家楼村自宋元起已开始运瓷土送至彭城等地，受到磁州窑文化的影响，村内也烧制瓷器。据记载，民国时期，张家楼村硫黄的烧制达到鼎盛时期，成为冀南地区规模最大的硫黄烧制专业村。村内大量的缸和笼盔，以及渣堆可以证明张家楼村也有瓷器的烧制。

瓷器的烧制需要封闭的窑炉建筑和大量的煤炭或木材等烧火原料以及充足的水资源。张家楼村石材、木材、煤炭和水资源丰富，适合进行陶瓷器具的生产。张家楼村的烧瓷窑炉采用了馒头窑的形式，至今仍有部分遗址散落在村落中。馒头窑属于单室窑结构的半倒焰窑，窑炉的建筑平面多为马蹄形，其主体建筑坐落于地面之上的部分称为窑膛，为圆拱顶形状，形似馒头，因而普遍称作“馒头窑”（图 4-18）。馒头窑的大小取决于窑场规模的大小及所生产器具的大小。生产大缸的窑炉较大，墙壁较厚，拱顶较高，生产碗碟的窑炉则较小。

图 4-18 彭城镇的馒头窑及其细部

来源：作者摄

馒头窑不仅有单体的，也有连体的，在彭城镇西南一处遗址犹可见到。馒头窑的建造需要由经验丰富的垒窑师傅垒砌，内壁用楔形耐火砖垒楦，并抹上一层瓷土与黄土混合调制的泥浆层，从而在烧制时能够抵抗住内部的高温火焰。窑的外壁多用砖块和黄土垒砌，在下部每三层或四层砖垒一层废弃匣钵，笼盔横放，将带有通气口的底端朝外，呈现圆环形图案，中部及上部每垒一层砖就垒一层废弃匣钵底，并在匣钵与匣钵之间，匣钵内部以及匣钵与砖之间用碎石块或匣钵碎片垫平，黄土抹实，既美观又保温。窑炉门设在窑的正中间，用砖垒砌成拱券形，在装窑后将其封死，仅留一观火口，由专门的窑工负责观察火焰状况及添煤使用。窑膛上部分是半圆形盖顶，顶端留一圆形孔洞，并在盖顶中部偏上留一圈方形孔洞，称之为“马眼”，这些孔洞是用来采光和排放潮气及热气的。在地平面以下，窑门口处有一沟洞贯穿窑身称为火膛，用于通风和掏灰。窑内后半部分设有窑床，需要烧制瓷器的匣钵就摆放在窑床之上。窑的后部一般建有两个烟囱，与窑后半部的窑底相连，用来排放烟雾。每次装窑和开窑时都要焚香拜神，供奉瓜果点心等贡品，祈求窑神、火神、陶神等神灵的保佑，希望烧制过程顺利，并烧制出精美的瓷器。

张家楼村的馒头窑多半已遭到破坏或拆除，现存馒头窑有一座在古村北侧一户院落中，窑炉由青石砌筑，顶部有笼盔底做装饰，门口开洞较低（图 4-19）。馒头窑右侧与山体相连，山下挖窑洞，用笼盔作柱体支撑内部空间。目前馒头窑和窑洞部分空间坍塌，已停止使用。还有一座于 2015 年 10 月在河道东岸的乡公所旧址处挖掘出来，被专家认定为民国年间烧制硫黄的窑址，现在已被圈存保护。

图 4-19 张家楼村的馒头窑及其细部

来源：作者摄

2. 庙宇建筑

与传统信仰佛教、道教的村落不同，张家楼村民多为窑场工人，或在自家建窑烧制陶瓷，信仰与陶瓷行业相关，窑工常以“火中求财”形容制瓷行业，因此，窑工在开工前会祭拜陶神、火神、窑神等，不同的窑场因为烧制的器具不同，又分别祭拜碗神、缸神等神灵。

中国人自古生活方式为靠山吃山靠水吃水，山与水的存在给了人们赖以生存的物质基础，因此对于龙王、土地、山神等掌管生存或环境的神灵供奉也是不可少的。

在窑场相对集中的彭城镇，大型窑场常常在自己窑场建庙宇祭拜神灵，有些小的窑场则在窑炉旁设佛龛，在每次开窑时进行祭拜，大多数居民或窑工则选择在庙会或重要节日聚居在街道上的公共庙宇进行祭拜活动。

张家楼村落内的庙宇建筑紧邻主要道路，并且在村落街巷肌理的组织中起到一定的空间节点的功能作用。至今张家楼古村遗存的主要庙宇建筑有五处（图 4-20），分布在古村的北部、中部和南部空地较大的区域（表 4-5）。

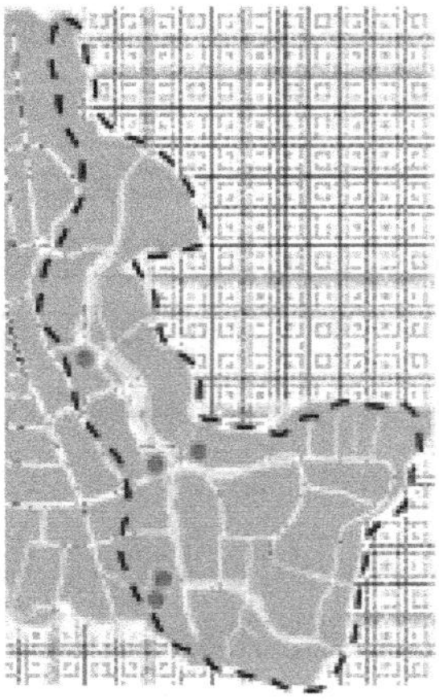

图 4-20　庙宇建筑的分布

来源：作者绘

张家楼村庙宇建筑分析　　表 4-5

现存情况	尺寸（存在测量误差）	位置	形态
现存建筑位于河道北侧次入口门洞外，为硬山瓦顶单间建筑，红砖灰瓦顶，殿宇下有石砌台基，殿内供奉圣母塑像，建筑年代较近	台基底座高 0.66m，长、宽均为 1.6m，建筑进深 1.6m，开间宽 1.6m，檐下高 1.24m，屋顶高 1.8m	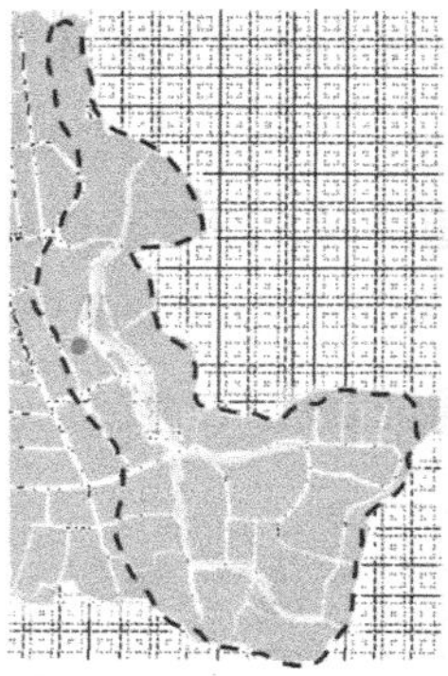	
现存建筑位于主入口福喜桥西侧，硬山单开间建筑，青石砖灰瓦顶，建筑下有台基，殿内供奉斋宫老母排位，建筑年代较近	台基底座高 0.55m，长、宽为 1.4m，建筑进深 1.14m，开间宽 1.24m，檐下高度为 0.8m，屋顶高 1.1m	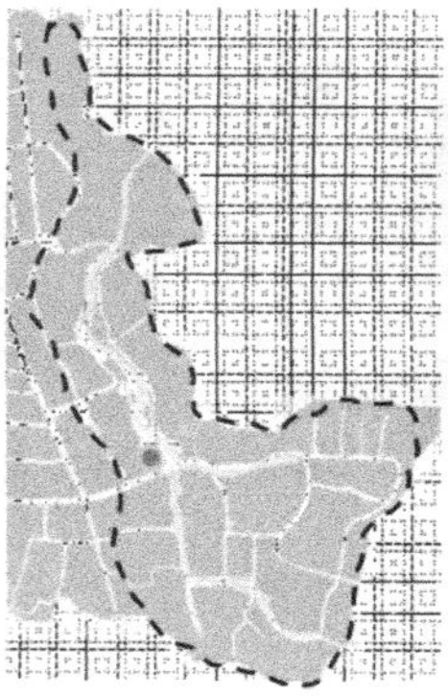	

续表

现存情况	尺寸（存在测量误差）	位置	形态
位于主入口福喜桥往东空地旁，或称观音奶奶庙，庙墙放置两座残碑，一座是清光绪十九年（公元1893年）重修碑记，一座是修建观音奶娘庙的记录。建筑为硬山瓦顶，木门木格窗，檐下空间敞开，两侧绘有神灵画像，红砖彩色琉璃瓦顶，据当地人讲，是从河沟旁迁至此处	建筑开间宽4m，进深5m，檐下高度为2.4m，屋顶高2.9m	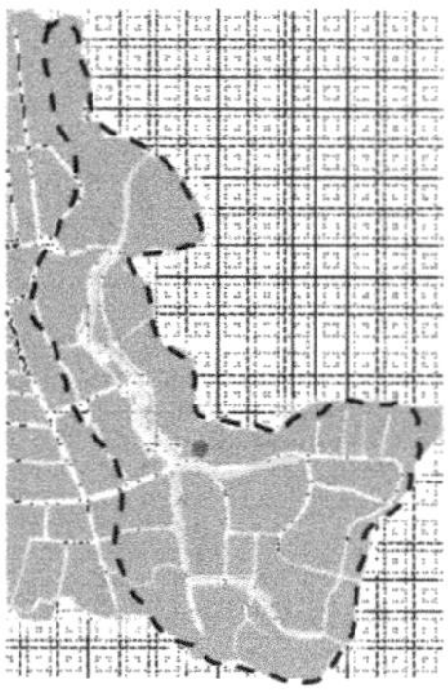	
位于张家楼村南部地势较高的开阔地区，由4个高低不同的单体建筑组合构成，硬山灰瓦顶，外墙面经过粉刷，建筑较新，内部分别供奉王母、土地、老君和王禅老祖	—	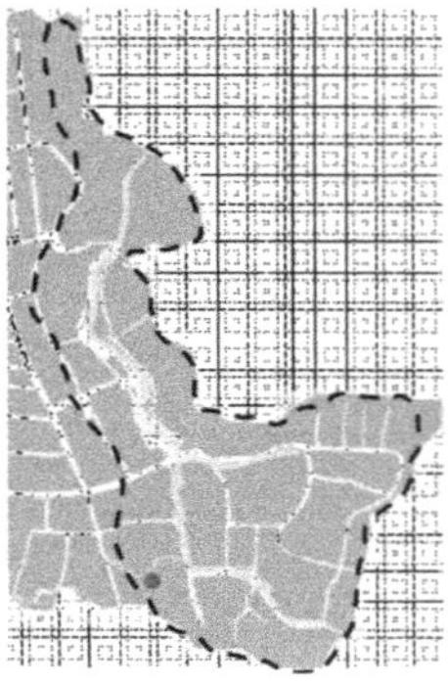	
位于张家楼村南部地势较高地区一座大院内，由一大一小两座建筑组成，硬山灰瓦顶，大殿外墙粉刷白灰，檐下有柱刷红漆，建筑略新	—	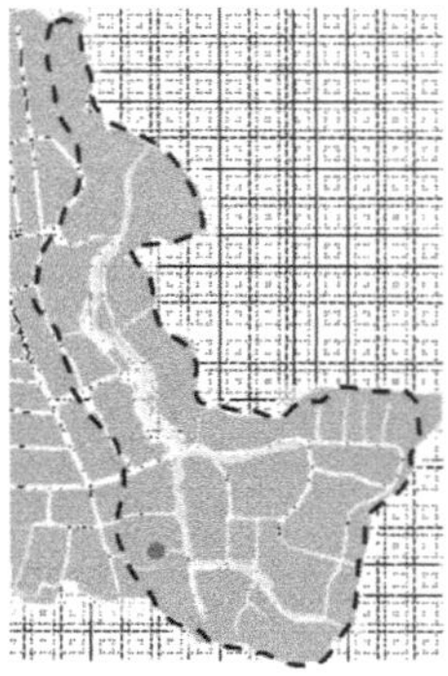	

第五章

庙宇与祭祀建筑

自从人类诞生以来，人们的生活从来都不是为生存而生存，只有生产和休息，而是既有为生存而适应自然改造自然的劳动，也有屈服自然祈求佑护的祭祀活动，更有将各种活动结合起来的丰富多彩的群体生活。彭城镇的各种与陶瓷业相关的人们，也在生产与生活活动中，结合物质需求和精神需求，形成了归属儒家、释家、道家等文化体系的场所，更有与自身生产、生活紧密结合的诸如火神庙、窑神庙等具有特色的各种祭祀活动场所。

第一节 文昌阁

一、文昌阁地理位置

彭城镇当地俗语说:“三条大街东西走，七十胡同如鸡肠。”彭城镇有三大主街，新华街为其一，文昌阁就坐落于新华街上。当时的古彭城还有“三阁四戏楼”之说。三阁之中有“东阁”和“文昌阁”，另一个“阁”已不存在。四戏楼则是窑神庙戏楼、土地庙戏楼、温神庙戏楼、皮王庙戏楼。彭城河泉文昌阁位于邯郸市峰峰矿区河泉村西头，南侧为新华街，北侧为小短街，两侧为民居，处于新华街十字路口的要道上，为彭城镇南部重要的交通出口。

二、文昌阁建造历史和建筑形制

文昌阁建造于道光十年（1830 年），清光绪年间重新整修，是彭城镇现存唯一的历史地标性建筑。相传文昌阁下面早前为一座桥，道光十年地震后，在桥上建造了文昌阁。文昌阁是祭祀文昌帝君的庙宇，文昌帝君是掌管考试功名和文化事业的天上最高的神灵，亦受到各类工匠的祭祀和朝拜。如今建筑部分翻新，建筑质量较好，祭祀功能仍在，建筑整体大体保留原来建筑形象（图 5-1）。

图 5-1 文昌阁建筑

来源：作者摄

文昌阁建造在底下有券洞的青石砌筑的平台之上，券洞门上题有三字“文昌阁”，文字形式为楷书，材质为石匾。平台之上为石栏杆环绕文昌阁底部平台，柱头用石狮来装饰。平台之上是主体建筑，坐北朝南。文昌阁作为祭祀文昌帝君的场所，服务于当地民间求学赶考的文人举子，内部供奉神像“文昌帝君”，全称是“辅元开化文昌思禄宏仁帝君”。传播儒家思想，积极行善，造福民众。

文昌阁整体为两层，底部为石砌基座平台，平台之下为过街式券形门洞，门洞高3.7m，南北长8.95m，东西宽6.93m，从新华街可以通过底部券洞向北穿越到北侧胡同内。基座门洞北部西侧有一细窄砖砌楼梯，通过楼梯可以到达文昌阁基座平台之上。平台南侧为汉白玉护栏，北侧为青砖垒砌的平台护栏，东西两侧有笼盔和青砖砌筑的墙体。基座之上文昌阁建筑结构形式为木构五架抬梁式（图5-2），建筑面积约为50m^2。阁楼建筑分为前后两座，坐北朝南，前座为硬山卷棚抱厦3间，后座为双坡硬山顶正殿3间，建筑屋顶为黑瓦覆盖。后殿西侧山墙有一门可以出入后殿，现已用铁门封锁（图5-3）。背面墙体上部有壁龛（图5-4）。

图5-2　文昌阁屋架
来源：作者摄

图5-3　文昌阁砖石平台
来源：作者摄

图5-4　文昌阁北立面
来源：作者摄

三、历史传说

道光十年（公元 1830 年）闰四月二十二日，峰峰遭遇 7.4 级地震，彭城为震中。据民国《磁县县志》记载："又四月（闰四月）二十二日，地震。是日戌刻，有声轰然自西北来，陡觉平地如小舟，在大风浪中倾倒簸荡。维时土崩瓦解声、人之喊声、哭声一齐并作，至对面不闻人语。移时少息，旋又大作，如是者达夜，是后虽仍常动，而声渐次较轻。当其震时，中衢地裂两缝，长数十丈，宽五、六寸，涌出黄黑沙土，并井水漫溢横流，漳滏两河涸皆见底。祠庙、衙署、民居坍塌十之七八，大小男女压毙甚众，奇灾也！是年磁之邻近武安、邯郸、安阳、临漳、成安皆地震，而磁境特之。磁之西乡情形最重，南乡次之东北两乡少轻。州牧沈旺生禀经本道府，先将义仓谷一万余石散给灾民。一面飞通报大府，据情入奏，即奉旨发币抚恤，大府派道府大员，率同府并州县佐杂等官，先后到磁，同本州教官吏目，赴四乡，查勘压毙人口及倒塌房屋，造册查对，共计压毙大小男女五千四百八十五是名口。每大口一名，给埋葬银二两，小口一两，共给银八千二百六十两。倒塌房屋二十余万间，内除有力家不计外，其无力贫民，共倒瓦房九千九百五间，土房六万六千五百五十三间，每间房一间给修费银一两，上房五钱，共给修费银四万三千八十一两五钱。又奉旨，将本年夏忙钱粮，全行豁免。夫际重灾，死者无暴骨之虞，生者有庇身之所，斯民之渥湛恩。"而文昌阁即为震后所建造，后世多有修葺（图 5-5、图 5-6）。

图 5-5　文昌阁南立面

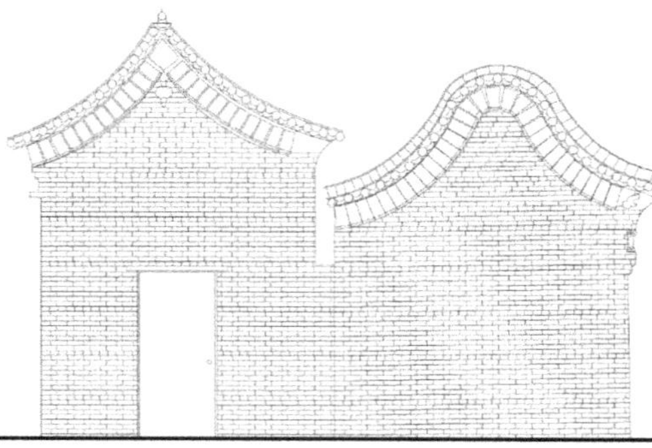

图 5-6　文昌阁西立面

第二节　纸坊玉皇阁

一、玉皇阁地理位置及修建历史

玉皇阁全称“玉帝四明无梁阁”，位于河北省原峰峰矿区临水镇的东、西纸坊村之间，东靠东纸坊，西与西纸坊村隔一路（图 5-7）。

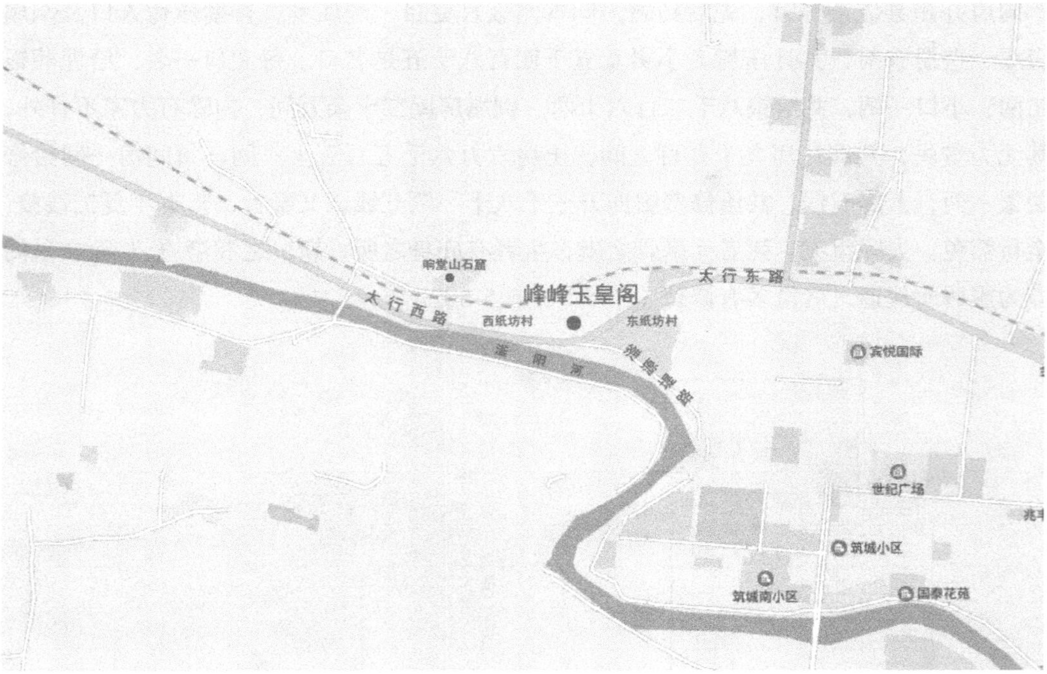

图 5-7　峰峰玉皇阁
来源：作者绘

玉皇阁是为祭祀玉帝而建的道教建筑，修建于明隆庆至万历（公元 1567 ~ 1575 年）年间，于清光绪二十二年（公元 1896 年）重修，由于峰峰玉皇阁是一座砖瓦结构的无梁四坡锥顶建筑，因此简称无梁殿。现存建筑为清道光二十二年（公元 1842 年）重修，20 世纪 90 年代被确定为省级文物保护单位，2006 年被确立为全国重点文物保护单位（图 5-8）。

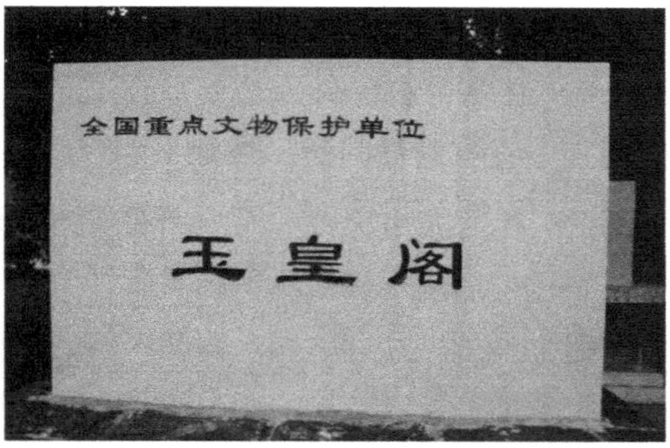

图 5-8　峰峰玉皇阁西侧与保护铭牌
来源：作者摄

二、玉皇阁建筑形制

玉皇阁位于鼓山南端的山脚下，山上有北齐时开凿的南响堂石窟和寺庙，山下为自西向东流的滏阳河。玉皇阁为结合道路咽喉关卡而建的祭祀类建筑，下部是带有供车马穿行的拱券门洞的石砌高台基座，高台上是四周带廊的盝顶式殿堂建筑。基座东侧有青石砌筑的 28 级台阶，拾级而上是一小门楼（图 5-9）。穿过大门进入二层院落，南侧为玉皇阁主体阁楼，北侧为辅助用房（图 5-10），向南进入玉皇阁阁前二层大平台（图 5-11）。

图 5-9　山门前台阶
来源：作者摄

图 5-10　后院阁楼与辅助用房
来源：作者摄

图 5-11　玉皇阁正面
来源：作者摄

峰峰玉皇阁建筑下部是一个用石头砌筑的高台，贯穿东西的拱形门洞跨度为4.64m。玉皇阁建在高台之上，高18.6m，平面正方形，开间和进深都为五间，阁身四周正中设有拱券门洞，外加一圈木结构回廊。加上阁楼北侧附属建筑，占地面积约为300m^2。整个阁楼内部屋顶由青砖采用叠涩砌法，仿木结构斗栱形式，由四面向中间收分，形成室内覆斗式屋顶。内部中央正上方为藻井，上刻有飞龙，雕刻技术精湛，生动而不寻常。外部屋顶是四面坡的盝顶形式，用琉璃瓦覆盖，顶部有宝刹，其结构、形制、装饰都很有特色。作为明代一座特殊建筑，它基本保存完好，具有很高的价值，而且是中国保存最完好的明代无梁阁，被誉为“天下江北第一阁”。

三、玉皇阁建造与装饰艺术

图 5-12　拱券门洞

来源：作者摄

玉皇阁底部为砖砌平台，东西两侧券门洞上部为石雕龙凤雕饰，形象生动（图5-12）。平台上部阁身砖砌主体，四面正中设拱券门，拱券门外壁雕刻有三彩琉璃龙纹装饰，主体砖墙隐刻圆柱来区分出开间。四周的明间有拱形半圆假门，还有石砌的阑额、普拍枋及其交角出头，拱形假门扇上的乳钉、柱头处荷叶形贴饰等木构构件。屋檐下斗栱为五踩双昂。平身科斗栱均为预制构件，规格平整，仿木程度逼真。卷云状的耍头位于厢栱位置，由于两个栱门间距很小，紧密布置，所以空位处间隔以片状斜栱。推测由于砖制缘故，斗栱出跳比较小，斗栱通体高度为82.5cm。平身科与柱头科基本相同，柱头科角梁承托在耍头之上，展现砖仿木的精细（图5-13）。

图 5-13　阁身及屋顶细节

来源：作者摄

阁内屋顶是叠涩结构，室内空间的净跨度为 7.4m，这在叠涩结构中很少见。屋顶的顶部由 24 层砖拱支撑，并有层层出跳。每侧有斗栱 28 朵，四面向内出跳出斗栱，形成一个方锥形室内屋顶结构，就像唐宋时期的偷心造法。寺庙斗壁的内倾角约为 27°，具有向上升腾的气氛。顶部藻井饰以飞龙（图 5-14）。斗栱之间的墙壁上有彩绘佛像，由于常年香火烟熏，难以观察清楚。殿身的外部被木制柱廊围绕，柱子和砖墙通过单步梁连接（图 5-15）。单步梁的头部装饰含龙珠的龙头。梁的后端直接插入砖墙中，在木柱上有普拍枋和单踩栱。要头雕刻成龙头形状，清末重建进行改换修建，部分发生变化。

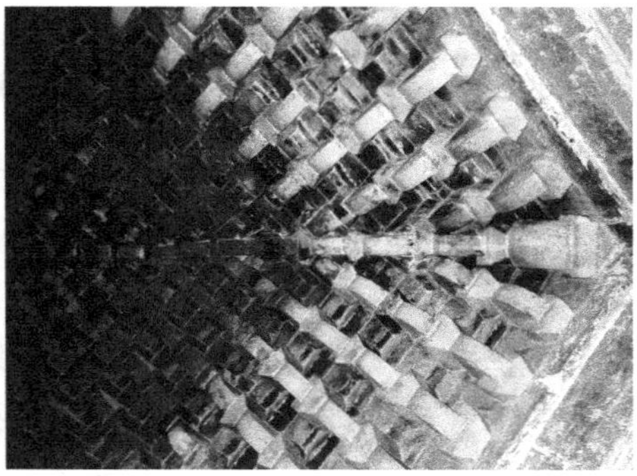

图 5-14 叠涩屋顶

来源：作者摄

图 5-15 单步梁

来源：作者摄

图 5-16 屋顶装饰

来源：作者摄

屋顶有明代时期的琉璃瓦。宝刹位于盝顶正中，狮状刹座上有三件宝珠，自下而上依次缩小。为稳定宝刹，四面坡上各有一力士背着钢绳牵拉，生动有力。屋顶四面有脊，围脊都装饰着五条龙，还有西藏莲花草等。在倾斜的垂脊上，还各有大力士一尊。

同时也有身骑麒麟的力士，垂瓦装饰着鱼、鸟、花草等纹饰，滴水与勾头上装饰有龙、凤的形象（图 5-16）。

纸坊村玉皇阁采用叠涩结构砌筑盝顶，其造型奇特，做工精细，结构精巧。玉皇阁阁身用双昂仿木斗栱，可以作为现代仿古建筑的技术参考。峰峰玉皇阁的装饰艺术与结构形式都具有很高的研究价值，为现代建筑技术提供了可借鉴的成熟案例。

四、建筑现状与总结

无梁殿室内的顶部在 1990 ～ 1991 年修缮时改做成城垛形式，门楼在 1990 ～ 1991 年修建中按原样恢复。石台阶保存完好。在南面廊下有清光绪二十二年（公元 1896 年）重建碑文一通，保存完整。北侧的九间平房为古建筑，中华人民共和国成立后，被东纸坊小学占用，因年久失修，后改为平房。西厢房一座，面阔三间，时代不详，现办公室占用其中两间。无梁殿内中心有塑像，方形水泥台座表面涂有棕色漆，其上正面为玉皇大帝，左为太白金星，右为托塔天王，观音雕像位于其后，都是在 20 世纪 80 年代塑造（图 5-17）。泥塑正下方有一石供桌，保存较好，正面中间分为五部分，为线刻人物故事，左右两侧为施主及石匠题名记。从碑文中得知，此殿在万历四十七年（公元 1619 年），由纸坊村信士李廷阳和他的妻子所施舍。

图 5-17　室内雕像

来源：作者摄

1945 年，玉皇阁被临水镇纸坊小学占用。曾三次修围墙，两次清除阁顶杂草尘埃。20 世纪 60 年代初玉皇阁附属建筑北面古建筑年久失修倒塌，东、西纸坊村集资，村民出工，盖起 2 个教室，2 个办公室，共计 9 间。1989 年，区政府资助学校搬迁并由峰峰矿区文物保护单位进行管理。1990 ~ 1991 年河北省古建筑研究所对玉皇阁进行全面维修（图 5-18 ~图 5-21）。2001 年 9 月对玉皇阁进行油漆彩绘。

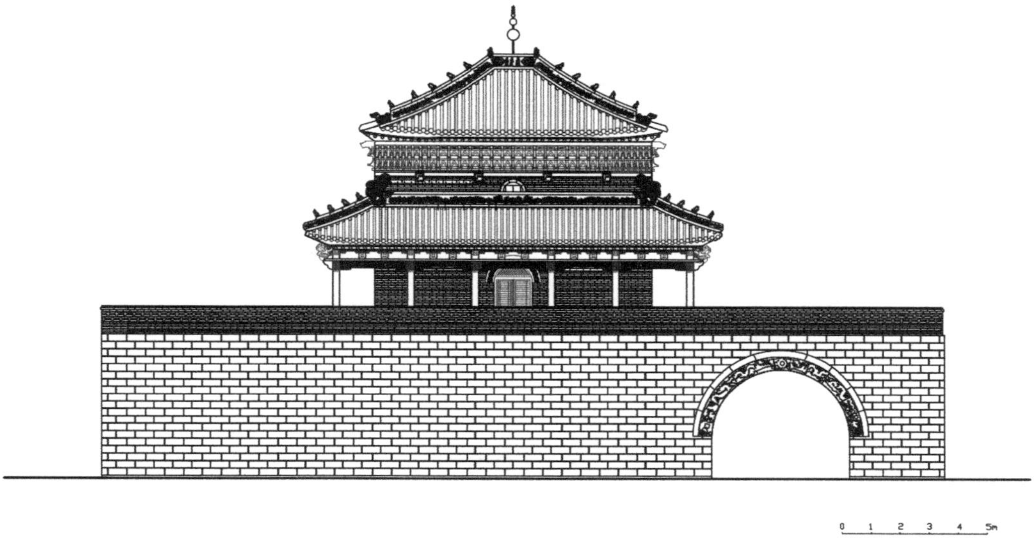

图 5-18 玉皇阁侧立面图

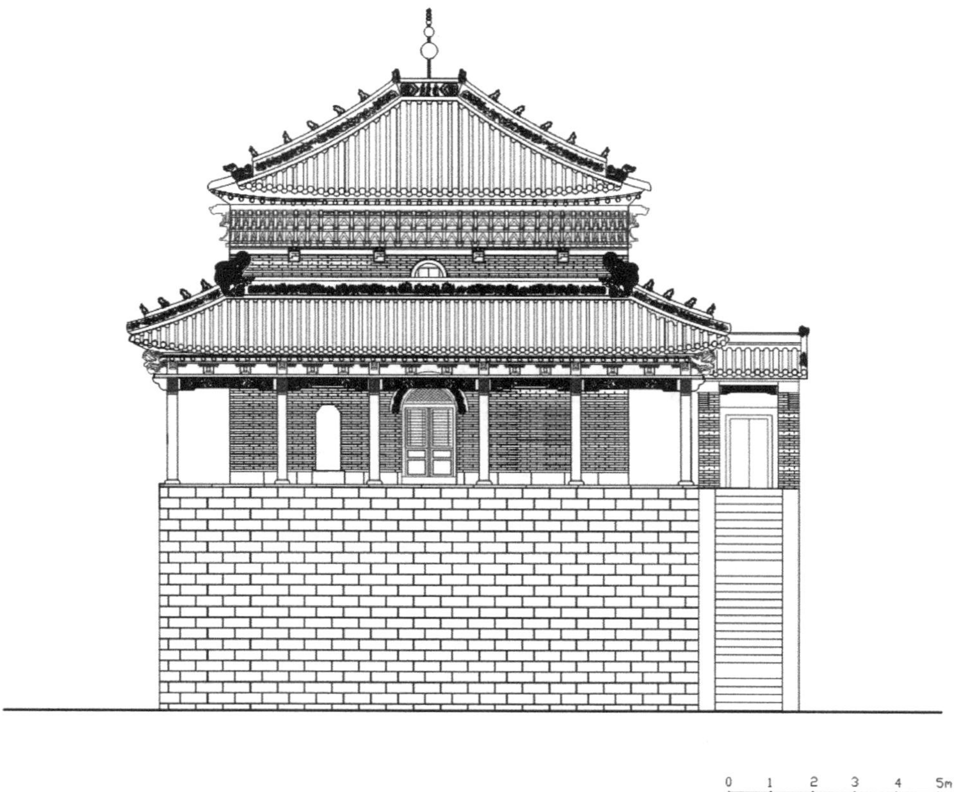

图 5-19 玉皇阁正立面图

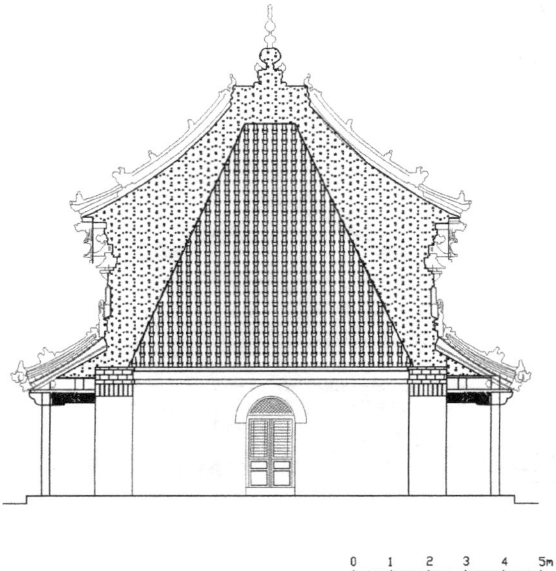

图 5-20　玉皇阁剖面图

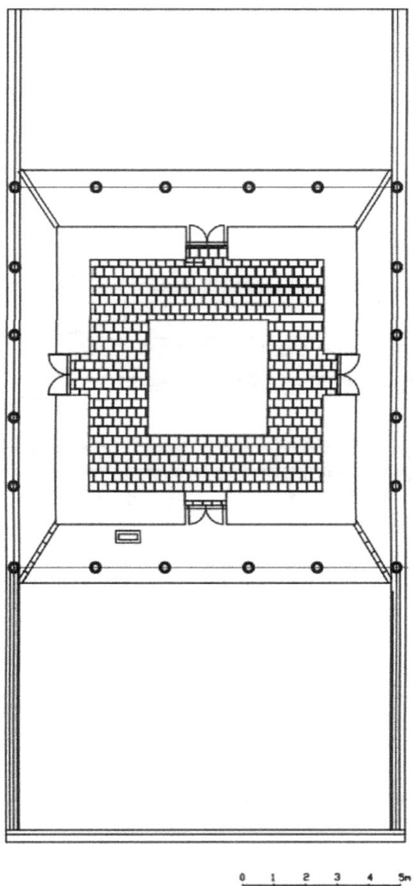

图 5-21　玉皇阁平面图

第三节　庙宇建筑

古镇彭城作为磁州窑文化的起源地，长期以来，陶瓷生意成为磁州地区的经济来源，由此不断地吸引外地人来窑场打工，整个城镇车水马龙，人声鼎沸。彭城镇自古有“一个彭城镇，半个磁州城”之说。

明清时期，约有400余座馒头窑遍布彭城，在此居住的居民众多，内部街道系统复杂，仅镇内就形成内五村——前街村（今新华村）、后街村（今三和村）、西庄子（今富田村）、南街村（今联合村）和东河沟（今河泉村）。彭城历史悠久、人口众多，神庙遍布，并有相应的庙会——火神庙庙会、陶神庙庙会、缸神庙庙会、万神殿庙会、天齐会、土地庙庙会、玉皇阁庙会、龙王庙庙会等。其中农历四月十五土地庙庙会规模大、规格高、仪式多。其间香客纷至，风格独特。彭城的“土地爷”不是一般的“土地爷”，而是“都土地”。供奉的是文人韩愈（字退之），当地人传说这个神是受御封的“龙”。

在古代，各行各业都有自己供奉的神灵。磁州窑窑工祭祀祈福的习俗古已有之。在他们的思想中，陶瓷制作和烧造是一件非常神圣的事情。由于当时烧窑技术条件有限，产品能否成功，还在于顺应天意。这正如行话所说，“三分做，七分烧”，“生在成型，死在烧成”，“陶瓷是火里求财”。他们相信众神可以为瓷器业带来灾难或者成功。因此，每次烧窑，窑工必祭拜众神灵。

陶瓷业发展到宋代以后，元、明、清民间陶器的生产基本上以彭城镇为主。由于窑口数量众多，镇上有数百个各种特色的寺庙，其中大部分寺庙都与陶瓷工业有关。城区南面有一座火神庙，北面是龙王庙，西面是窑神庙，东面是玉皇庙，常年香火不间断。磁州窑的窑场周围环绕着神灵的环境和气氛，窑工不仅将窑视为生存的家园，而且还通过祭祀神灵来表达对瓷器工业繁荣昌盛的憧憬。甚至有些窑房里设有神龛随时可供祭祀。窑神庙、火神殿、土地庙都是与陶瓷生产直接相关的神庙，在窑工眼中甚至成为掌握窑场生死的主宰，也自然成为当地最庄严、最耀眼的地方。在节日或庙会期间，当地陶瓷工人也会祭拜其他神灵，有控制降雨的龙王，倡导忠诚仁义的关公，以及传道授业的孔夫子，慈悲的观音菩萨，象征繁荣兴旺的奶奶庙，道教真武观以及对腐败官员进行惩罚的皮王庙（图5-22）。

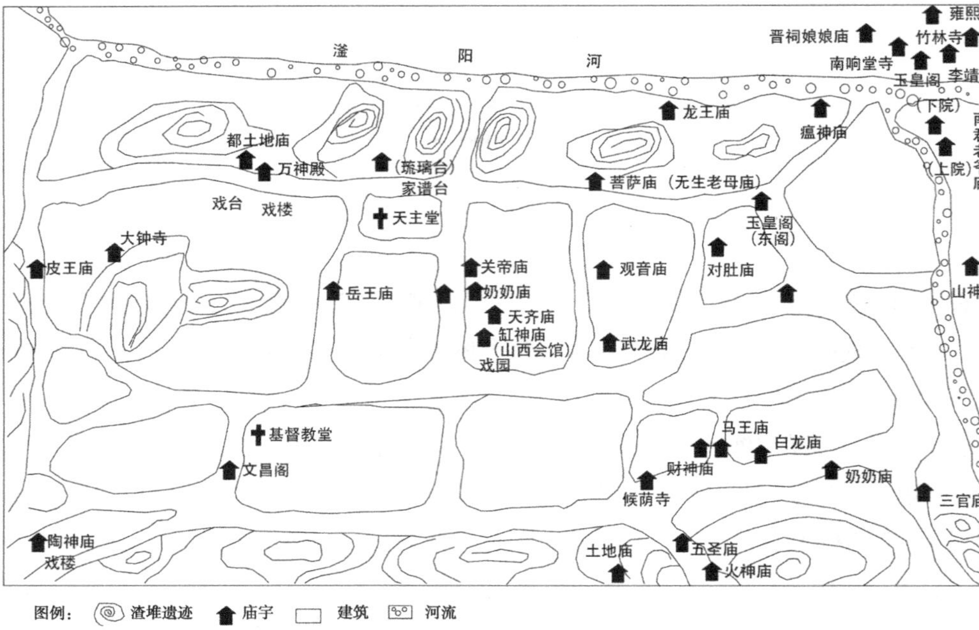

图 5-22　彭城陶工多神信仰庙宇遗址示意图

来源：作者绘

一、窑神庙

彭城窑神庙原址位于彭城镇西南角，又称彭城西庄，占地面积数百平方米。平面形制正殿为三间，祭拜殿亦为三间，有两座偏殿，坐北朝南。据说正殿是主殿，供奉黄帝、雷公和窑神三个神明。有戏台位于寺庙以南的 100m 处，窑工们可以在闲暇之余观看演出。20 世纪 60 年代，彭城的窑庙被认为是“四旧”和迷信，窑寺被拆除。窑神庙建筑虽然已经消失，戏台也已被拆除，但根据清代康熙三十四年（公元 1695 年）的刻碑题词：“登其庙，殿宇巍峨，梁栋舞影，洋洋乎大观也”，可以得知当时窑神庙规模宏大。每年的农历四月十五是窑工朝拜供奉祖先师父的大会。窑场工人将提前邀请戏班进行一场大型演出，盛会一般持续 5 天，由各个窑场共同选出的总负责人筹备资金。

根据彭城的区位，彭城东西南北四个方向有四个分区。首先，四个分区负责人将自行收集资金，最后交予总负责人。资金的收集基于窑货的兑换，一般不会出现钱。分区负责人收集碗货后，将其交给负责人在集市出售换钱，用作庙会支出。遇到陶瓷行情好的时候，每年唱几场戏也是常态。在庙会期间，窑工必须到庙里去祭祀，供品是馒头、小吃、水果等。有一种说法是“神三鬼四”之说，敬拜神灵的数量为三个。窑神庙的戏楼前场地为彭城三个戏场之最，能容纳几千人。经济条件优越的窑主所上的供奉是大块肉，这种肉被称为“一刀肉”，无论多重，必须一刀切断。窑神是窑工们的精神寄托，是窑工得以安宁生活的心灵慰藉。

二、缸神庙

明代以来，彭城逐渐成为中国北方最大的民用缸产品生产基地。匠人专门修建了缸神庙用以祭祀供奉。庙宇的修建得力于山西的缸匠们提供的资金。由于往来以山西人居多，这里成为他们会客聚集之地，因此缸神庙也被称为“山西会馆”。山西匠人聚会频繁，不少匠人来自外地，同乡情谊非常深厚，一旦有人有困难，一定竭力帮助。但随着时代的变迁，缸窑绝烧，山西会馆已经不复存在。

自古以来，山西做缸规矩严格，捏缸手艺不传外人。在彭城，如果山西匠人被发现私自传授工艺，他将受到严罚甚至被驱逐出彭城。因此，彭城当地人很难学到捏缸手艺。这座缸神庙在 20 世纪 50 年代改为彭城剧院，并于 20 世纪 70 年代被拆除。每年农历九月的第三天，定为缸神的祭祀日，会举办庙会。庙会由会头在山西匠人中筹款。拜庙会的习俗与山西崇拜缸神的习俗相同，供品以山西风味面食为主。

三、火神庙

彭城镇的火神庙同样随着岁月消失殆尽。同样遗憾的是原有遗址没有留下任何痕迹，但是街区一些老人对此留有记忆。

火神庙位于彭城南部，供奉火神真君和太上老君。寺庙形制为正殿开间五间，偏殿两间。围绕一个四合院，还有戏台。此庙是窑工行会所在地。庙会的会首为本镇主管窑炉烧造的负责人。行会组织会定期决议彭城当地各类窑的价格，分配每个窑的工作量，并分配每个窑的师傅的数量。同时它还协调由灰渣引起的争议和内部事务之间的矛盾。

陶瓷的生产中烧制是关键，因此窑工非常崇敬火神。每年农历三月初三是火神庙的庙会。在庙会期间，彭城窑的窑主和窑户，特别是烧工师傅，是主要的参与祭祀群体，后来逐渐发展到所有的与烟火活动有关的人都参与祭祀活动。据说窑家建窑必须先供奉火神神明，否则窑内不冒烟火。庙会会期三日，唱戏三天祭火神，为了保佑当地的居民烧出更好的陶瓷，所以前来火神庙的人众多，火神庙香火也特别旺盛。

四、彭城土地庙

1. 地理位置与形制

据资料记载：彭城土地庙始建于元代，位于城后大街西端天子眼胡同路西，土地庙约占地 20 亩，是彭城方圆几十里甚至几百里一座颇有名气的庙宇。它坐北朝南，庙门前耸立着两座雕刻精细的石狮子。结实而又高大的大门主体颜色为红色，外观非常威严壮观。

庙门口正对面原有一座台高为 2m 的戏楼，前台后厢为清式建筑，它是当时当地最壮观的戏楼。

庙宇坐北朝南，院落形制为三进院落（图 5-23）。正门门楼抱厦飞檐，朱红门扇，三级台阶两旁有一对高大的石狮子。第一进院中间是砖甬道，宽丈余，院子两边植有松竹花卉。院内有石券小石桥一座，古名“金水桥”，据之前记载，其四角载有四棵树，整体玲珑精巧。桥下东西横贯一条小河沟，据说古代有水，桥两头各植柏树一株，俗称“二柏担一孔桥”。此桥不大，却有故事。传说，地方政府为了向朝廷多争取资金，便谎称要建一座“二百单一孔”石桥。款项到，桥修成，并在两端各栽柏树一株。事后钦差来验桥，当地官员指“二柏”为证，振振有词地说这就是那个“二百（柏）担（单）一孔”桥。

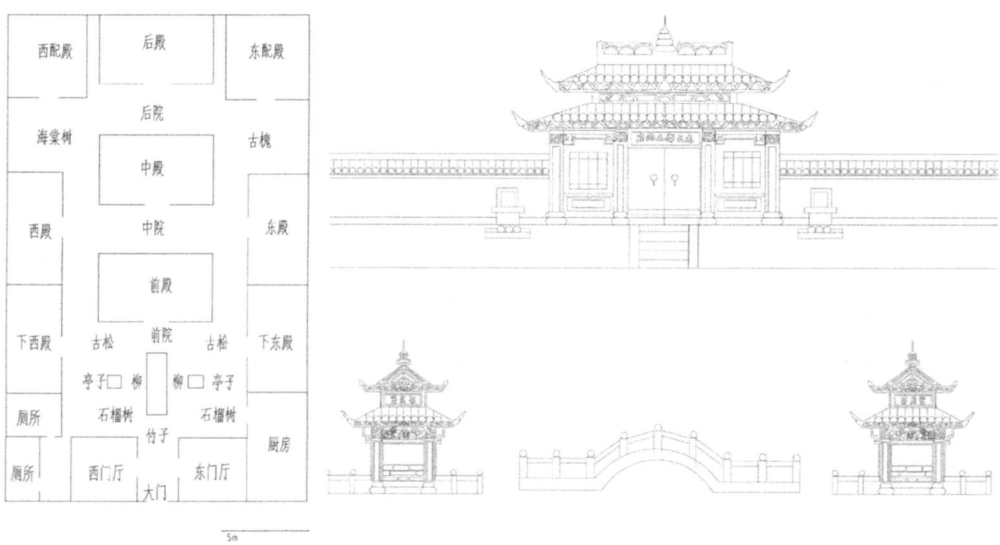

图 5-23　原土地庙平面和各建筑立面图

来源：作者绘

小桥北面不远有穿堂廊亭一座，当地人叫过亭，廊亭门里两旁各有石雕大狗一只，昂首吐舌、睁目而视。

廊亭后面为第二进院，此为庙宇主院。北面是主神大殿，彩瓦歇山，飞檐斗栱，明柱抱厦带长廊，房前五级台阶带坡石，视野开阔。殿中央筑有高台，韩愈塑像端坐其上，北墙有后门，通第三进院落。

此大院东西两边各盖有配房，里面曾经供奉各路神仙，现已无人能清楚说明神仙名称。每逢庙会期间，西边就会住上戏班子。东边住着守庙道士刘元明、万玉、万生师徒几人。

第三进院为“奶奶院”。北面为后大殿，起瓦顶房三间，内并排端坐三位“土地奶奶”塑像，高台两边侍立六位美貌侍女塑像。院中有大树一棵（图 5-24）。

整个庙宇大院由围墙遮拦，平常时日庄严肃穆，初一、十五香烟袅袅，庙会期间热闹非凡，千百年来神气十足。直到公元 1997 年滏阳路西延时被拆毁，只留下一个“庙角子”。

庙院正门（南门）对面相距 50 步，曾有一座由青砖砌筑的高四尺的古戏楼，长条石围边，顶为俗称元宝顶的卷棚式，正面（朝北）石明柱四根，三大开间。整座戏楼巍峨精致，据说在方圆百里无可匹敌者。

图 5-24　奶奶庙建筑立面

来源：作者绘

彭城都土地庙出奇之大，又与北方瓷都相得益彰，为此，当地有歌谣：说古庙，道古刹，彭城土地庙真大，千年窑火不熄灭，伴着陶瓷走天下。

彭城的土地庙不但历史悠久，而且规模宏大，在周围各州县是很有名气的。安阳、长治、邯郸、永年、广平、成安、武安、涉县常有人来彭城土地庙烧香。在彭城地区只要发生什么重大事情，都要到土地庙前说一说，让大家议一议、评一评，让好人流芳百世，让坏人遗臭万年。

2. 土地庙现状

现存土地庙已大部分被拆除，庙宇形制和规模有所减小，前后留两进院落（图 5-25）。土地庙现如今仍然香火旺盛。

图 5-25　土地庙现状

来源：作者摄

入口大门上方题有三字“都土地”，门口两侧有石碑，碑记记载修碑集资人名。对面的戏楼已不存在。院落形制只有一进院落加一个小后院，后侧建筑庭院已经被拆除，入口两侧石狮子亦不存在，院内石券小桥已毁，整体围绕一个院落展开。入口正对土地爷雕像，雕像前为朝拜供奉之所。主殿右侧有一个通道通向后院，依然保留先前供奉之位，柱础、神像等先前古石构件尚能看到，香火依旧，延续人们对土地神的供奉和信仰。虽然现存土地庙没有先前史书记载的规模宏大，但土地庙内至今依然香火不断，很多年长人士停留于此，膜拜朝圣。土地庙对彭城居民影响力非常大，民间信仰传承久远。

第四节　常乐寺

一、常乐寺地理位置

在河北省邯郸市峰峰矿区的鼓山山脚下曾经坐落着一座古寺——常乐寺。峰峰矿区内的响堂山即为鼓山山脉，其属太行山支脉，隔山的两座石窟分别称为“北响堂”和“南响堂”，常乐寺位于北响堂风景区通往北响堂石窟的必经之路上，山林掩映，寺与塔相映成趣。

常乐寺始建于北齐，宋皇祐六年（1054 年）重修，1946 年被毁坏，后政府出资复建，已经列入全国重点文物保护单位，是珍贵的历史遗存。通过常乐寺可窥得响堂山地域建筑的建造技艺及地域宗教文化的发展历程。

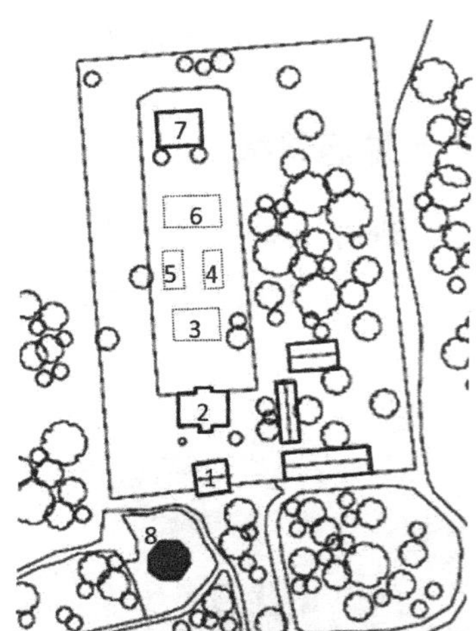

图 5-26　常乐寺平面图

1- 山门；2- 天王殿；3- 三世佛殿；4- 东配殿；5- 西配殿；6- 大雄宝殿；7- 地藏王菩萨殿；8- 舍利塔

来源：作者绘

二、常乐寺建造年代

常乐寺是一座荒废多年的千年古寺，寺内建筑已毁，山门外有一座九级砖塔尚存，为一座宋塔（图 5-26）。根据常乐寺内现存石碑记载，“……文宣常自邺都诣晋阳，往来山下，故起离宫，以备巡幸，于此山腹，见数百圣僧行道，遂开三石室，刻诸尊像，因建寺，初名石窟，后至天统间改智力，宋嘉祐复更为常乐寺……”，可见常乐寺的起源与发展。再者，在县志中有记载，“常乐寺在鼓山之麓，北齐高洋建，初名石窟寺，天统间改名智力寺，宋嘉祐中更为常乐寺，金皇统间重修，邑人胡砺有碑记”，说明石窟与寺庙为同期建造。

北响堂石窟始建于北齐。由于北齐高洋帝信奉佛教，在鼓山开凿了一系列的石窟，同时建立佛寺，即山下的常乐寺。隋代也是佛教兴盛的时期，在隋代响堂山石窟又出现一阵造像热潮。常乐寺于隋仁寿年间建立佛塔，塔七层外墙处记载“宋皇祐六年重修”，重修的宋塔与现存常乐寺砖塔建筑形制别无二致。

1946 年，由于战乱，政府疏于管理，常乐寺建筑大规模地遭到村民的毁坏。村民们用常乐寺的建筑材料建造了一所中学，即现在的和村镇五七中学。现在学校一进门的琉璃瓦正是取自原常乐寺大殿。非常遗憾常乐寺的痕迹以这样的一种方式存在着。而现在的常乐寺，仅存了台基的基础部分和残存的佛像。

常乐寺被毁之前颇具规模（图 5-27），为前塔后殿的形制。整个寺院建筑高低错落，是一处完整的佛寺建筑群落。中轴线的建筑依次为：舍利塔、山门、天王殿、钟鼓楼、三世佛殿、东西配殿、大雄宝殿、地藏菩萨殿。空间序列完整，呈院落围合，跌宕有序。舍利塔拉开了整个建筑群落的序幕。山门、天王殿、三世佛殿、东西配殿依次排开，有条不紊地承接了与大雄宝殿的空间关系。大雄宝殿的前院落较为宽敞，从比例上衬托了主体建筑的高大。大雄宝殿是整个空间序列的高潮部分，从屋顶的等级和高度上都有别于其他配殿。其主体建筑为歇山顶，深深的挑檐和向东西方向延伸的屋脊线无疑显示了它的威严肃穆。

图 5-27 20 世纪 30 年代常乐寺被毁之前的照片

1- 舍利塔；2- 山门；3- 三世佛殿；4- 西配殿；5- 东配殿；6- 大雄宝殿；7- 地藏王菩萨殿

来源：摄于响堂山石窟博物馆

三、常乐寺建筑

1. 常乐寺塔的建筑特点

常乐寺是当地一座颇具规模的宗教建筑，其建筑遗存具有一定的历史价值和宗教意义，从摄于20世纪30年代的历史照片可以看出，常乐寺由南向北呈轴线排列，依山而建。虽然寺中建筑大多遭到了破坏，但塔和经幢都保存相对完好（图5-28、图5-29）。

图5-28　常乐寺塔和经幢历史照片
来源：摄于响堂山石窟博物馆

图5-29　常乐寺塔
来源：作者摄

塔高约36m，九级八角楼阁式与密檐式相结合的砖塔。塔身最上边两层毁坏严重，外墙已脱落。塔身下部保存相对完整，各层出单檐，奇数层（一、三、五、七层）檐下为斗栱，偶数层（二、四、六层）塔檐以莲瓣叠涩承托。塔每层的外檐均由砖叠涩而成，形制规整，外形庄重简朴。

塔身由青砖砌成，每层分别朝不同方向设有塔门，砖雕密檐檐口，工艺细腻，造型各异。塔身刻有砖雕假门，半开半掩，同时在塔身的不同方向刻有不同形式的塔的造型，这一特点在其他古塔中并不常见。塔身首层东西南北四个正面开门，其他方向的四个面有九级方砖塔浮雕（图5-30）。

常乐寺占地约7000m²（图5-31），现仅存常乐寺塔和部分建筑残迹。常乐寺已经被规划为响堂山风景区的一部分，成为通往北响堂石窟的必经之路。常乐寺周边建立了一些必要的旅游设施，但基本留存了山体的自然风貌。

图5-30　常乐寺塔塔身现状
来源：作者摄

图5-31　常乐寺现状鸟瞰
来源：作者摄

2. 常乐寺山门

常乐寺山门为三开间，歇山顶建筑（图5-32），山门内梁架都用彻上露明造，不用

图 5-32　常乐寺山门
来源：作者摄 / 绘

天花，梁架均暴露在外。经十数级台阶来到常乐寺山门，柱子、墙体、门窗皆为朱红色，墙体为灰砖砌筑，斗栱彩绘色彩鲜艳，雀替绘有清式旋子彩画。旋子彩画的藻头处理为“一整二破”形式。出檐深远，屋脊装饰有砖塑，雕刻精美，形成庄严稳固的气氛。山门虽然为现代重建建筑，但是在比例和造型上都较为考究，尊重了建筑原貌。

3. 常乐寺大殿遗址

常乐寺三世佛殿已毁，遗址仅存一些石构件，包括石柱和几座无头石佛像（图 5-33），湮没在荒烟蔓草间，这些石构件放置在高约 45cm 的台基上，台基为长条石砌成，遗址台基平面大体为方形。石佛像由于历史上一些众所周知的原因被毁坏，这种现象不仅存在于常乐寺中，更多地存在于北响堂山的石窟中。

图 5-33　常乐寺现存石柱（左）石佛像（右）
来源：作者摄

四、常乐寺建造技艺的地域性特征

常乐寺位于北响堂石窟下山的必经之路，北响堂石窟具有极高美学价值，对周边的民居、寺庙等建筑产生了一定的影响，在当地衍生出极具特色的建造技艺，常乐寺建造技艺的地域性特征可以从以下几点体现出来：

第一，常乐寺塔为砖塔仿木结构，大殿的台基、石造像、经幢使用的材料均为石材，可见石窟带来的石刻石构技艺对常乐寺建筑的影响。

第二，传承传统建造技艺，遵照基本的建造法式，顺应地形，依山而建，丛林掩映，古塔生辉，常乐寺择风水宝地而建，极具地域特征。

第三，常乐寺的大雄宝殿为五开间，大殿柱子全为石构，大殿的平面布置灵活，采用了“减柱造”和“移柱造”的做法，目的是为了突出佛像，留有足够的空间容纳人在大殿中的祭祀活动。从大殿遗址看，殿内金柱数量小于檐柱的数量，梁系构造复杂，墙体为砖砌厚墙，内填灰泥碎砖，这一墙体内填充灰泥碎砖的做法在彭城的玉皇阁中也有体现，是独具地域特色的建筑技艺。

综上所述，常乐寺对响堂山一带的传统建筑研究，具有极高的学术价值与历史意义。对其文化价值的发掘，能够为当地建筑的保护和传承工作提供新的思路。现代建筑的发展无一不是在根植本土的同时，才能面向世界。

五、北响堂石窟

1400 多年前，北齐将佛教奉为国教，大力发展佛教兴建佛寺，并使之具有一定的数量和规模。当时邺城（今临漳）为北齐的都城，晋阳（今太原）为陪都。由于皇权自上而下的影响，邺城成为当时北方的佛教中心。鼓山处于北齐王朝在两都往来的必经之路上，同时由于鼓山钟灵毓秀，风水极佳，高洋帝遂在鼓山开窟建寺，发展佛教，并且营建行宫。由此衍生出了独具佛教文化特色，又有鲜明时代印记的响堂山石窟艺术。响堂山石窟的发展历经多代，隋、唐、宋、元、明均有增凿。

高洋帝开凿响堂山石窟，同时具有巩固皇权，维护统治的作用，意在使之作为皇家陵寝。相传，高洋帝的父亲高欢的陵寝就位于石窟洞中。北响堂共开凿南、中、北三大石窟。

大佛洞位于石窟区的北端，俗称北洞（图 5-34）。窟高 11.6m，宽 12m，进深约

图 5-34 北响堂石窟大佛洞佛像

来源：作者摄

12m，窟门上方开明窗三个，以便采光，其中的造像最具规模。窟内佛像雕刻精美，上有莲花、流云、天龙、火焰纹等，色彩明丽，具有极高的美学价值。窟内是方柱通顶，并且三面开龛，石窟壁龛形制为帷幕帐形龛。

第五节　南响堂寺

一、南响堂寺地理位置

南响堂寺位于河北省邯郸市峰峰矿区境内的南响堂石窟群下，颇具规模，是一座典型的依山而建的石窟寺（图 5-35）。据记载，石窟始凿于北齐，之后历代有多次增凿，寺与石窟的始建年代相似。

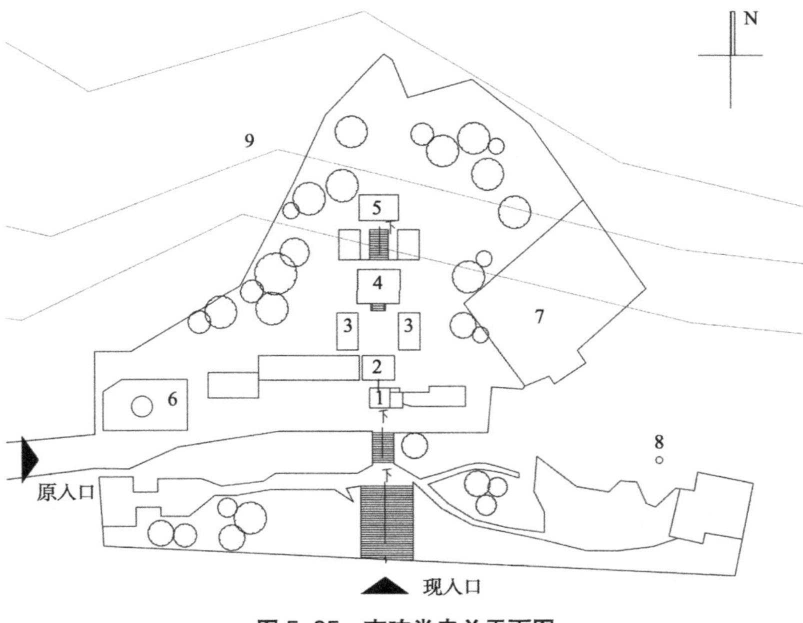

图 5-35　南响堂寺总平面图

1- 天王殿；2- 罗汉殿；3- 僧房；4- 大雄宝殿；5- 藏经楼；6- 宋塔；7- 石窟区；8- 第九窟；9- 山体

来源：作者改绘

南响堂寺建筑群的布局是佛寺建筑中较为特殊的，我国主要的佛寺建筑基本分为以佛塔为主的“前塔后殿”形式和以佛殿为主的“前殿后塔”形式，在时间上是由前者过渡到后者。由于南响堂寺为石窟寺，佛寺与石窟的结合使得建筑布局较为特殊，佛塔在南北向轴线建筑群之外，位于佛殿西侧，佛殿建筑群东侧为石窟区。

南响堂石窟的附属建筑群名为南响堂寺（图 5-36），寺西面有一座八角七级的宋代古塔，俗称红塔。南响堂寺石窟旁的钟鼓楼上，存古钟一座，相传晚钟响起，50 里外其音袅袅，久而不绝，令世人惊叹。“响堂晚钟”是磁州古八景之一。

图 5-36　南响堂寺现状
来源：作者摄

二、南响堂寺建筑介绍

1. 山门

南响堂寺山门为一座三开间，硬山屋顶的砖木混合结构建筑，整体灰砖砌成，屋顶铺灰瓦，屋面坡度较平缓，正脊及檐口都有升起曲线，屋脊饰有砖雕。山门内部东西两侧供奉神像（图 5-37），神像彩塑色彩明丽，体现出宗教建筑的特征。出檐较浅，檐下斗栱的装饰作用大于结构作用，雀替彩绘为旋子彩画，藻头处理为“一整二破加金道冠”形式。

图 5-37　南响堂寺山门
来源：作者摄

2. 大雄宝殿

大雄宝殿为硬山顶，五开间。建筑外墙、柱子、门窗均为朱红色，柱身都是圆形直柱，仅上端略有卷杀，斗栱彩绘色彩明丽，绘画精美，殿内供奉神像（图 5-38）。

图 5-38 南响堂寺大雄宝殿现状
来源：作者摄

大雄宝殿空间较为开阔，进深较大，从门口至神像之间摆放有功德箱、跪拜垫等。

3. 藏经楼

由大雄宝殿北行，来到藏经楼所在的院落。下台阶进入院落之后，北侧为藏经楼，外观为 3 层，内部为两层（图 5-39），从外部看，二层没有门窗。从一层入口进入藏经楼，室内为拱形结构，无梁架支撑。东西两侧的建筑与北侧建筑结构一致。

图 5-39 藏经楼外观及室内
来源：作者摄 / 绘

由于藏经楼所处位置位于磁州窑所在的千年古镇彭城，磁州窑是中国北方最大的民间窑系，藏经楼的建筑形式必然受到磁州窑文化和石窟文化的影响，其拱形的屋顶结构与磁州窑工作洞的建筑形式相似。

石窟文化结合当地的建造技艺，展现了古彭城独特的建筑文化特征，形成了自身的地域特色。一个地区人们共同的信仰、风俗、行为形成了稳定的文化特征，南响堂寺的石窟文化和磁州窑文化是彭城镇的文化瑰宝，值得子孙绵延传承。

4. 南响堂寺塔

南响堂寺塔位于南响堂寺山门以西，为一座八角楼阁式砖石塔（图 5-40）。每层檐下为砖石仿木斗栱，斗栱有所毁坏，但大体能够体现出精致的砖石雕刻技艺。该塔

图 5-40　南响堂寺塔现状
来源：作者摄

为宋代所建，后经多次修缮，留存至今，是南响堂寺的一个标志性建筑。

塔的砖仿木斗栱形式体现出独特的地域建造技艺，同时也反映出宋代塔的形制特征，具有一定的代表性，外观造型和比例符合中国传统建筑的特征。南响堂寺塔基本保留了历史原貌，符合古建保护中的“反修复”理念，“反修复”的“如画观”让人重新意识到历史建筑的独特审美属性。我们长期缺乏对于时间价值的正确理解，南响堂寺塔的现状体现出时间赋予建筑的痕迹，大众对于塔的欣赏是对当代建筑艺术价值的有益补充。

三、南响堂石窟相关介绍

南响堂石窟集中开凿于南响堂山东侧的两层断崖上（图 5-41），石窟自上而下，由南向北，共有 7 座编号窟，其中的 6 座开凿于北齐，1 座开凿于宋代。垂直方向上分上下两层，上层 5 座，下层 2 座。自下而上分别为华严洞、般若洞、空洞、阿弥陀洞、释迦洞、力士洞和千佛洞。在众多石窟中，华严洞最具规模，其外壁的雕刻相对规模较大，结构也相对严谨，雕刻技艺精湛，具有极高的艺术价值。

图 5-41　南响堂石窟
来源：作者摄

华严洞和般若洞内，龛内佛像遭到破坏，但洞壁上佛典经文仍保存完好，清晰可辨。据记载，石窟中的刻经部分雕刻了多年，其字体方正，结构浑朴，笔力雄健刚劲，在书法领域具有极高的历史价值。洞窟前有之字形石阶，可通过石阶到二层的五窟。二层五窟中的“千佛洞”最为壮观，有石佛 1028 尊位于其中，故名“千佛洞”。窟内有三个壁龛，各龛内均有一佛和两罗汉两菩萨五尊像。窟内主造像为一尊释迦牟尼坐像，神情和善安详，雕刻精巧。窟壁的小佛像排列有序，具有宗教的庄严感。窟顶部的伎乐、飞天等形象色彩明丽，生动活泼，惟妙惟肖。

众所周知，南响堂山石窟主体始凿于北齐，后来在 20 世纪 80 年代，主窟的一些窟壁出现大面积坍塌，坍塌之后，露出大量隐藏其中的佛龛造像。经过研究，造像主要凿于唐代，唐代遗存主要是小龛，没有大规模的石窟，大多分布在各窟前后室的窟壁，穿插在已有的造像之间，分布也并不均匀。据统计共 200 余龛，其中有 40 多龛还附有题记。因此，唐代遗存也是南响堂石窟的重点研究对象之一。

四、相关民间传说

1. 响堂名字的由来

鼓山属太行山支脉，北齐高洋帝在鼓山山脉开凿石窟，动用大量人力，其中一窟规模较大，佛像高约 5m，工匠在洞中击掌甩袖有回声，故曰“响堂”，因此山也得名为“响堂山”。后人把隔山相望的两座寺庙取名为“南响堂”“北响堂”。

2. 槐抱柏的由来

南响堂大雄宝殿阶下西侧，长着一棵槐抱柏，一株古槐与古柏生长在一起，树干扭曲，枝繁叶茂。这株古树已有数百年历史，民间还流传着关于古树的传说：相传，上天的金龙仙子被贬人间，银龙仙女爱慕仙子，随之而来，见元宝山山清水秀，便长居于此。后来他们同游响堂寺，于电闪雷鸣中消失于此。次年，在这个地方长出了一槐一柏，交错生长，枝枝相覆盖。

综上所述，响堂山历经数代，已有 1400 年的历史，经多次修缮扩建，如今已成颇具规模的历史建筑群，石窟内的雕像和碑文，具有很高的美学价值和历史意义。

第六节　水浴寺

一、水浴寺地理位置

水浴寺（图 5-42）位于邯郸市峰峰矿区大社镇午后坡村西北 200m 处，在鼓山东麓，与鼓山西侧的北响堂常乐寺隔山相背。水浴寺石窟于 1982 年 7 月被评为河北省重点文物保护单位（图 5-43），2013 年被列入第七批全国重点文物名单。

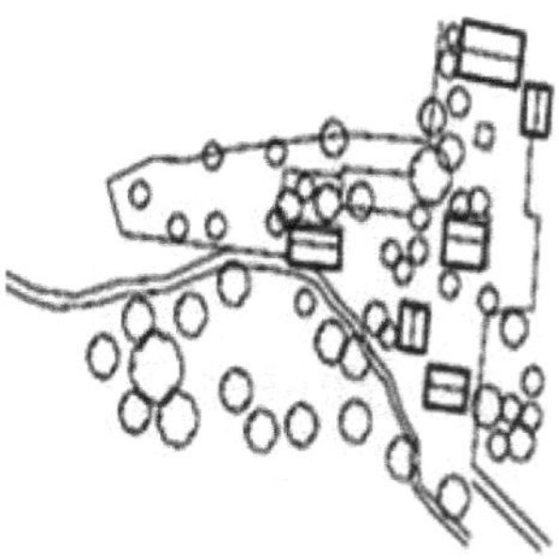

图 5-42　水浴寺总平面

来源：作者绘

图 5-43　水浴寺铭牌

来源：作者摄

二、水浴寺寺名的由来

水浴寺名字的由来，传说与水浴寺周边的一泓清泉有关，清晨寺庙宛如在水雾弥漫、若隐若现的仙境中，故名水浴寺。

水浴寺的第一任住持是北齐明威将军陆景的妻子张元妃。陆景英年早逝，随后，张元妃在水浴寺出家。她住持期间，供养僧人，开凿石窟，广置田产，使水浴寺具有了一定规模。水浴寺的第二任住持妙用禅师在任期间，主持修建了多处建筑，石窟与寺庙相结合，形成了石窟寺的形制，便是最初的水浴寺。

三、水浴寺建筑

山谷边有两尊残存的经幢，主要材质为青石，20 世纪 80 年代末，仅剩底座和经幢的下半部分，经文已经不可辨认。据记载，这两座经幢原本位于水浴寺山门两旁，高 11.5m，直径 1 m 多，垂直方向总共有三节，每个垂直面都刻有经文，底部为布满浮雕的莲花底座。

水浴寺三面环山，地势平坦，大体呈南北向布置。水浴寺现存建筑均建于 20 世纪 80 年代，为附近村民自发集资修建，并无统一的规划设计。现建筑群大体为青砖灰瓦红色门窗（图 5-44），留存有经幢石碑等，种植有松柏。水浴寺整座寺庙开敞，建筑错落有致，有门无墙。

图 5-44　水浴寺建筑现状
来源：作者摄

位于水浴寺第二进院落中间的是一座供奉双面神像的穿堂小殿（图 5-45），最北端是大殿（图 5-46）。唐宋时期，水浴寺颇具规模，僧人众多，有良田百亩，在当地是具有较大影响力的寺庙。北宋初年，水浴寺毁于一场大火，仅剩断壁残垣，后经多次重修才有了今天的面貌。

图 5-45　穿堂小殿
来源：作者摄

图 5-46　水浴寺北端院落建筑
来源：作者摄

四、石窟介绍

水浴寺石窟位于寺庙的西侧，共包括东西两座洞窟和东西两区摩崖佛龛群。其中东西两座窟洞，开凿在低矮的崖壁上。据记载，两窟的建造年代不同，西窟为北齐武平五年（公元 555 年）开凿，东窟为北宋初年开凿。

西窟前 10m 处有一座青石雕刻而成的灵塔，平面八角，砖石仿木结构，为水浴寺第二任住持妙用禅师的灵塔，宝顶已不存，塔身为椭圆覆钵式，其上刻有铭文，其中“故庄严全妙禅师灵”的字迹清晰可辨。

西窟中存在邯郸当地石窟寺中最典型的空间形态——窟内正中有通连窟顶的塔柱，柱子分隔空间，可绕柱子行走，也叫转角殿。窟内壁和正中塔柱的各个面上均雕刻有大大小小的佛像，雕刻精美，技艺高超，俗称“万佛洞”。西窟中雕刻有两处摩崖造像：其中东区摩崖造像讲述了佛祖释迦牟尼从出生到涅槃的故事；另一组造像为佛祖释迦牟尼周游各国到处传经的画面。这两处摩崖造像中的人物皆生动形象，呼之欲出。

水浴寺东窟内有东、西、北三壁造像，北壁是一佛二弟子二菩萨，西壁是一佛二弟子，东壁是一佛一菩萨。其雕刻的技法与响堂寺石窟相比，有过之而无不及。

综上所述，水浴寺石窟虽然开凿年代较晚，规模相较于南北响堂石窟小得多，但雕刻技艺相对成熟，另外对佛教的参悟也渐进，故雕刻中呈现出了更加生动、丰满的人物形象，摩崖雕刻和石像的雕刻都具有较高的艺术价值。水浴寺石窟的艺术造诣可以与南北响堂石窟相比。

第七节　竹林寺

一、竹林寺地理位置

竹林寺位于邯郸市峰峰矿区元宝山风景区，是峰峰矿区新市区与彭城古镇的交界之处，元宝山因山形酷似元宝而得名。竹林寺始建于唐宋，又名化乐寺，至今已有千余年的历史，曾盛极一时。历史上的竹林寺位于鼓山西麓，20 世纪 50 年代初有遗址尚存。现存的竹林寺为近年异地重建，为发展旅游，综合考虑之后，选址改为元宝山风景区（图 5-47），竹林寺于 2011 年 3 月 15 日隆重开寺。

图 5-47　竹林寺现状

来源：作者摄

二、竹林寺的历史变迁

竹林寺原址位于鼓山西麓，邻近北响堂常乐寺。20 世纪，由于战乱等多方面的原因，政府疏于管理，民众将其毁坏，以此来获取砖瓦等建材，用于建造中学。现邯郸市第十四中学进入校门口正对的门楼，就是用竹林寺的柱子和琉璃瓦所建。此情形如同常乐寺。后来工厂占据了竹林寺原址，新建时则选取了元宝山作为竹林寺新址，即现在的竹林寺所在地。

明嘉靖《磁州志》称：“化乐寺，即古竹林寺，唐天宝重建石幢，宋祥符敕赐化乐寺；元季荡于兵，有遗迹存。”可见竹林寺始建于唐，元代毁于兵乱，原址留有遗迹，而后在原址上又重建，直至 20 世纪又被毁。据记载，竹林寺原址依山傍水，位于紫金山西南的山坡上，竹林寺隐匿其中，借地势起伏，营造出千年古刹的独特意境。

据记载，元太保刘秉忠曾隐居竹林寺，专心读书，讲学授业，与其弟子并称为“紫金山五杰”，竹林寺也因此盛名在外，当时的竹林寺是一座书院型的寺庙，也称为“竹林书院”。

竹林寺具有优质的自然景观，有不少描绘竹林寺景色的诗句流传至今，比如明代桃源诗人宋之韩在他的《竹林寺二十四韵》中写道：“古石长新苔，细泉流暗谷。”“云埋古梵宫，雾锁禅师屋。”“园吐丹心葵，篱开金线菊。”“遇花头偏簪，饮水手亲掬。”呈现出一幅云雾缭绕的古寺山水景象。

三、现有建筑介绍

1. 选址

中国传统古建筑由于木结构的特征，经历数个朝代难免会被战火所毁，重修乃至重建都是常有的。在复建古建筑的过程中，往往通过史料记载来还原（图 5-48），由

图 5-48　复建竹林寺碑记

来源：作者摄

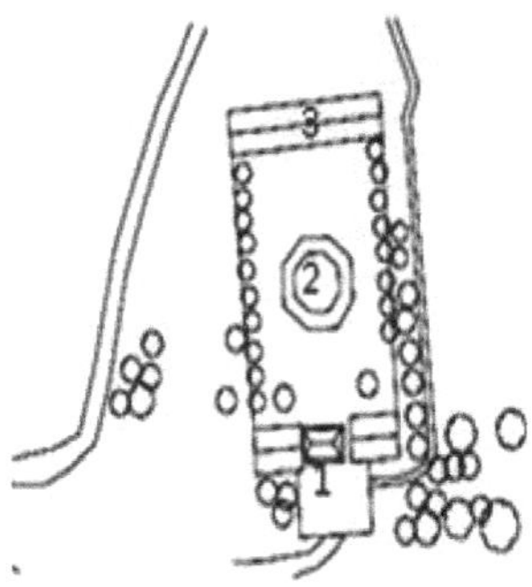

图 5-49　竹林寺平面图

1- 山门；2- 竹林寺塔；3- 服务用房

来源：作者绘

于历史地名的变更等原因，往往会出现异地重建的情况。竹林寺的复建选址就存在诸多问题，今人重建竹林寺，目的多为发展旅游，故选在了地势较为平坦的元宝山山腰上。新建的竹林寺结构布局简单（图 5-49），建筑无高低错落。现建筑群落难以恢复古刹在山林中隐约可见的景象，显得意蕴不足。今重建竹林寺仅有山门和一座七层宝塔。

2. 建筑

1）山门

竹林寺的山门分为两层（图 5-50），一层为拱形门窗，通过山门左侧的双跑楼梯进入二层，悬有一个体形硕大的钟，屋顶样式为歇山顶，斗栱色彩鲜艳明丽。进入山门映入眼帘的是一块刻有“南无阿弥陀佛”的石头影壁。山门前和院落围墙内种植竹子，与“竹林寺”的名字相呼应。

图 5-50　竹林寺山门

来源：作者摄

2）竹林寺塔

竹林寺塔为八角楼阁式塔，共 7 层，通体浅黄，平面副阶周匝，每层有石质栏杆，斗栱雄大，色彩明丽（图 5-51、图 5-52）。楼梯位于神像东侧，形制为双跑楼梯，通向塔的上层。竹林寺塔一层供奉如来佛像，为典型的佛塔建筑。

综上所述，竹林寺虽然未能建于原址，但也延续了史书中记载的千年古刹竹林寺的历史，虽然规模小于书中记载，但同样是一种物质传承。对于元宝山竹林寺的规模及建筑特征不做赘述，正如“人生代代无穷已，江月年年望相似”的永恒一样，竹林寺重修重建的碑文记载给竹林寺提供时间的记录，昔日的竹林书院能够被今人铭记，文人隐士的精神同样能够在复建的竹林寺中流传至今，又何尝不是一种永恒。

图 5-51　竹林寺塔外观及一层室内佛像

来源：作者摄

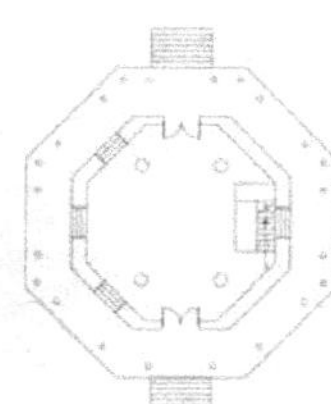

图 5-52　竹林寺塔一层平面图

来源：作者绘

第六章

磁州窑的建筑与传承活动

陶瓷制作与相关的建筑活动在彭城一直延续，但是却起伏不断。民国年间，由于人们陶瓷审美观念的改变，以及南方景德镇等地陶瓷制作规模的扩大，彭城陶瓷日渐衰落。中华人民共和国成立后，由于国家产业布局的调整，人们生活水平的提高，彭城陶瓷产业又兴盛起来，各种国营陶瓷厂纷纷建立。但到了20世纪末，由于市场经济的竞争与选择，国有工厂逐渐减产、转产或停产，但各种小规模的制瓷艺术活动却活跃起来，结合市场需求，开展与之相关的活动，随之建立了陶瓷博物馆、陶瓷工作坊、陶瓷销售店、陶瓷展销场等。有些制瓷艺人甚至致力于恢复和传承古老的制瓷技艺，彭城地区的制瓷建筑遗存也被利用起来，焕发出新的活力。

第一节　磁州窑艺术街区

磁州窑艺术街区就是立足于传统的陶瓷制作和交易的老街道，整合盐店遗址、彭城的老门户“东阁遗址”、陶瓷七厂遗存、邯郸市陶瓷研究所遗存等，加上当地社区的廉政博物馆、廉政广场、艺术作坊“异品坊”等，形成了一条新生的有活力的艺术街区（图 6-1）。

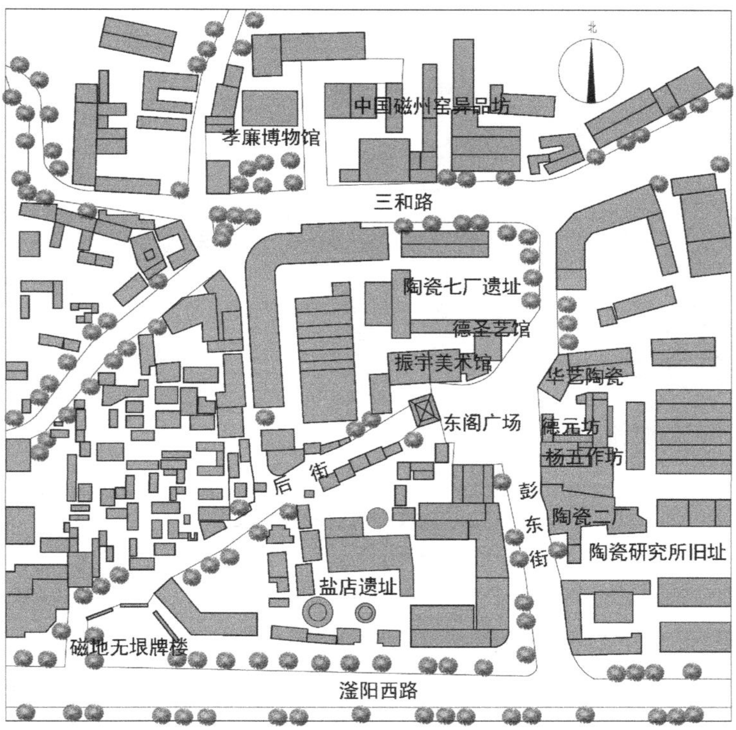

图 6-1　磁州窑艺术街区遗址分布图

来源：作者绘

一、街区基本情况

磁州窑艺术街区西端起于滏阳西路，入口处立“磁地无垠”牌楼，街区主路名为“后街”，向东北方向延伸，接东阁广场与彭东街交会，周围与盐店遗址、陶瓷七厂艺术馆、后街及散布的私人艺术工作坊形成有机的整体片区。

磁州窑艺术街区地处彭城古镇核心地带，总面积约 2.4 万 m^2，街区将文、旅、陶等产业聚合，包括商贸、餐饮、休闲等功能。它有效地将磁州窑特色历史制陶文化融入旅游及商业中，是彭城老工矿区转型发展、绿色崛起的一大亮点。近年来，随着峰峰旅游产业的开发，磁州窑艺术街区吸引了周边大量的游客，确实促进了磁州窑历史文化的传播，并有效地提升了地方经济的发展效益。

彭东街是组成磁州窑艺术街区的主要街道，在街道的东侧，散布着一些个人经营的陶瓷作坊，这些陶艺工作室就地取材，利用磁州窑窑场手工业的建筑遗存进行改造，如杨五作坊、德元坊等（图 6-2）。他们在原有工作洞的入口加建出入雨篷，或悬挂匾额。这些陶艺工作室内部主要分为销售区、展示区、制作区三个部分。各个陶艺工作室均有不同的陶瓷作品，这取决于主创艺人的艺术偏好。彭东街的杨五作坊陶艺工作室，由两条工作洞呈双拱并联，高低错落，外墙有笼盔装饰，形成了艺术街区独特的景观。

图 6-2　艺术街区内的私人工坊

来源：作者摄

彭东街上有邯郸市陶瓷研究所旧址。陶瓷研究所最早称为工业制造研究所，主要用于细瓷研制，历经时代变迁，目前研究所部分建筑用于居民娱乐、餐饮等功能。

二、重点建筑

1. 七厂艺术馆

陶瓷七厂始建于 1970 年，是专业生产艺术陶瓷的工业车间，现已部分停业。七厂艺术馆所使用的场地正是原陶瓷七厂停业的工业厂房。这座艺术馆位于磁州窑艺术街区内，内部除珍品展示区，还增加了陶瓷体验空间，让游客更好地了解陶瓷制作的工艺流程。馆区周围还有正在运营生产的工业厂房，它们共同经历时代的锤炼，又以不同的姿态展现陶瓷的历史、陶瓷的风姿，更能让人们感受到工业建筑遗存的独特魅力。

七厂艺术馆保持了原有的建筑风貌，对外观没有多加修葺。参观者在行进中很容易把它忽略，但是只要步入馆中，其内部的陈设却让人感到“别有洞天”。室内简单的白墙粉刷，按照时间的脉络把不同年代的陶瓷作品井然有序地摆放归置，每一件作品都有一段陶瓷故事。馆内的陶瓷展品没有玻璃罩的阻隔，每一件展品与参观者面对面地交流。瓷器与字画和出土文物的展品不同，迥异的制造工艺会生产出不同触感的瓷器。一件件陶瓷作品，如果不能亲自去触摸，仅仅通过观看很难完全体会到瓷器艺术品的魅力（图 6-3）。

图 6-3 七厂艺术馆部分展品
来源：作者摄

2. 东阁广场

东阁广场是磁州窑艺术街区主要的空间节点，位于后街和彭东街的交会处。现在的东阁是按照民国时期的照片复原的，修建的位置在原有遗址的东侧，而原遗址处所能见到的遗迹，仅剩断瓦残垣。现由文保部门进行封闭保护（图 6-4、图 6-5）。

图 6-4 戏台
来源：作者摄

图 6-5 原东阁遗址
来源：作者摄

复原建筑基本尊重了原东阁的建筑风貌。彭城东阁原为彭城街的东大门，其二楼供奉的是玉皇大帝，东阁又称玉皇阁。整体建筑为城门楼的样式，下部为青砖砌筑厚重的基座，中间开拱形门洞通行。基座门楼上中间为两层楼阁式主体建筑，三开间，周围廊，双层檐，攒尖顶。南侧为3层钟楼，每层建筑形式各不相同：首层为基座，筒形门拱入口；二层为柱廊加单开间；三层四面墙开小圆窗，屋顶攒尖四面坡。北侧是鼓楼，建筑为2层：首层为台基式，筒形拱门入口，开圆窗；二层为筒形拱门加一圈外部石质栏杆，屋顶为攒尖顶的形式（图6-6、图6-7）。

图6-6　原东阁照片

来源：摄于艺术街区内，出处不明

图6-7　后建造的东阁

来源：作者摄

3.“磁地无垠”牌楼

街区内部沿路则是店铺、戏台、馒头窑遗址、盐店遗址、陶瓷七厂遗址等。后街的西端头树立着一个三开间的石牌坊，正面题名“磁地无垠”（图6-8），背面写有“后街”二字（图6-9）。

图6-8　牌楼南侧

来源：作者摄

图6-9　牌楼北侧

来源：作者摄

“磁地无垠”的牌楼作为后街的起点，位于东阁向西彭城的老街西头。石质牌楼，四柱，三开间，间柱高出明楼楼顶，冲天式牌楼形制。“磁地无垠”中“磁”意为磁县，

“无垠”意为“无边无界”。

在彭城制瓷历史上，叶麟趾和叶麟祥兄弟是两位重要的历史人物。他们早年远离家乡，刻苦钻研陶瓷技艺，为彭城的陶瓷工艺做出了杰出贡献。牌楼南侧为主题小广场，特建造雕像纪念叶氏兄弟。雕像以青色大影壁作为背景，左右两侧衬以白色片墙。牌楼西侧为白墙灰瓦式的月亮门片墙。由叶氏兄弟雕塑及影壁、牌楼、东侧片墙围合成尺度宜人的广场空间，建筑空间极具仪式感（图 6-10、图 6-11）。

图 6-10　叶氏兄弟雕像

来源：作者摄

图 6-11　牌楼东侧片墙

来源：作者摄

第二节　遗址博物馆类

遗址类博物馆不同于现代博物馆，是旨在保护已发掘遗址或为展示发掘成果而在遗址上修建的博物馆。遗址类博物馆的主要展出物品不是某件藏品，而是建筑物或构筑物本身。场地内挖掘出土的文物等，一般都在遗址建筑或构筑物内进行布展，遗址建筑或构筑物一般不做大面积的改动，尽量保证原有建筑物或构筑物的风貌。这种布展的方式不同于现代建造的博物馆有良好的视线角度、光照条件以及合理的参观流线，布展的场地一般都不大且自然照明条件有限，但这种布展方式能够尽可能地保持原有的历史风貌，带给人们身临其境的感受。

彭城范围内的磁州窑遗址博物馆主要有磁州窑盐店遗址博物馆和磁州窑富田遗址博物馆。这里的馒头窑窑场遗址得到了较好的保护利用。

一 、中国磁州窑盐店遗址

中国磁州窑盐店遗址位于峰峰矿区滏阳西街 80 号，是磁州窑历史街区内的一座用于展示磁州窑窑址遗存的博物馆(图 6-12)。1999 年政府加大对磁州窑遗址的保护力度，在原有遗址周围划出专门的区域，供峰峰矿区文物保管所进行文物的保护，建立了中国磁州窑盐店遗址博物馆。馆内前院现有 2 座馒头窑，后院有 1 座馒头窑，院内有 6 条工作洞以及窑场的各种物料场地。

馒头窑内层为砖砌，外层多采用笼盔和废料进行建造（图 6-13），如上文所提及，笼盔是当地制瓷的一种工具，中空桶状的形式，可以充当建造材料。并且这种材料在瓷器烧造的过程中不断替换，已经损坏的就会被丢弃在一旁，所以在当地非常常见，并且容易获取。

图 6-12　磁州窑盐店遗址博物馆

来源：作者摄

（a）窑外立面　（b）笼盔

图 6-13　笼盔

来源：作者摄

磁州窑盐店遗址博物馆 1 号窑建于元代（自拟编号，下同）。窑炉的外部曾经被损坏，现在所看到的窑炉围墙是在 2000 年前后重修的。馒头窑的外轮廓呈马蹄形，内部平面近圆形（图 6-14、图 6-15）。

（a）窑外立面　（b）窑内遗址及瓷片　（c）窑内天子眼

图 6-14　元代 1 号窑

来源：作者摄

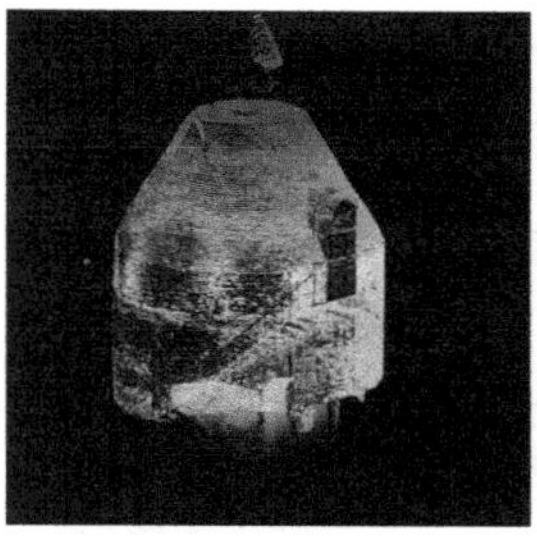

（a）窑内部

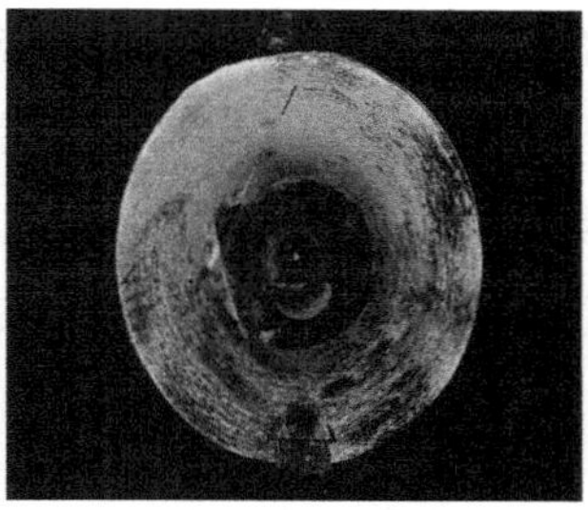

（b）窑底部

（c）遗址坑

图 6-15 元代 1 号窑点云扫描图

来源：作者采用仪器扫描

通过窑门内新加的钢制楼梯，参观者可以到达窑内的窑坑旁边，在窑底能清晰地看到窑床和出火孔，坑内散落放置着一些碎瓷片。窑坑约为 3.7m × 3.7m 的正方形，深 1.238m，最深的地方达到 2.245m，四周距离窑壁 1.716m 左右。窑洞顶上有一个排烟的小孔，又叫“天子眼”，窑壁周围有 7 个排烟孔，其中进入窑炉内的门口上方有 1 个排烟口，其余三个方向各有 2 个排烟口。窑壁下方上圆，从 4m 高处开始内部平面由方变圆，之后圆形平面慢慢收分，至顶部留一孔洞成为“天子眼”。窑内平面约为直径 7.755m 的圆形，最高的地方约 7.817m。

2 号窑的窑炉是清代的遗址，外墙进行过翻修。从外部看，馒头窑的平面呈马蹄形。外层用笼盔和红砖砌筑而成，上压穹顶。据刘立忠馆长介绍，这座窑是缸窑，空间尺寸较大。2 号窑废弃已久，但内部的窑壁颜色呈铁锈红，砌筑的耐火砖已熔融炼化成为琉璃体，坚固异常（图 6-16）。

（a）窑门口小龛

（b）窑外部

图 6-16 清代 2 号窑

来源：作者摄

窑入口的两侧有 2 个小洞，目前有两种解释：一是供奉窑神和火神，二是出于功能建造，供窑工放置制窑工具的地方。2 号窑现在还可以看到当时的运灰口，运灰口在窑口的右侧，坑深 1m 多，洞口有辘轳，用于向外运输煤灰。在过去，这个洞的深度是可以让人下去的，窑工通过洞口将烧剩下的炉渣通过筐子提上来处理（图 6-17）。

（a）运灰口

（b）窑内转角

图 6-17　清代 2 号窑内外部细节
来源：作者摄

2 号窑的内部和 1 号窑的内部相似，周围一共也有 7 个排烟口，顶上一个"天子眼"。不过不同于 2000 年重新建造的 1 号窑，从 2 号窑的内部我们可以看出来，通过长年累月的烧造过程，内部的窑壁已经被烧制在一起，部分建窑用的砖已经在 1300℃的高温下融化、烧制在一起了。甚至有些地方已经在多年的融化烧制不断循环的过程中慢慢地烧制成了琉璃。

3 号窑位于磁州窑盐店遗址博物馆的后院，为清代遗址。3 号窑经过修缮，建筑保存完好。3 号窑的外部形式和 2 号窑一样，外部墙体也是采用笼盔和红砖混合砌筑而成（图 6-18）。

图 6-18　清代 3 号窑
来源：作者摄

盐店遗址博物馆的院里还有大青土和二青土等材料堆场，这些材料都产自彭城附近。另有泥料加工沉降池、石料搅拌场等瓷器制作所需要的工艺展场（图 6-19）。

图 6-19　院内制瓷工艺的场景展示

来源：作者摄

二、中国磁州窑富田遗址

磁州窑富田遗址博物馆位于河北省邯郸市峰峰矿区，地处彭城镇的西南部。磁州窑富田遗址占地面积 16000m^2，有宋、金、元、清馒头窑 11 座、古作坊（工作洞）5 条以及十几个泥池，构成一条完整的陶瓷加工生产线。作坊内可以现场观摩民间艺术大师创作陶器流程，亦可亲自动手体验（图 6-20）。富田遗址博物馆的现任馆长是任双合先生[1]，中国陶瓷艺术大师。

磁州窑富田遗址博物馆的正门朝向西侧，门前有可供停车的广场。入口门楼三开间，高 20m 左右（图 6-21）。进入正门是浮雕文化墙，展示了磁州窑的历史与文化（图 6-22）。

文化墙东侧是复建的一座直径大约 3m，并且正在使用的示范窑，烧造体积较小的瓷盘、瓷碗，甚至是一些小的手工摆件。示范窑模仿过去的窑体建造，采用的是传统材料笼盔，上部建馒头窑特有的顶盖形式，窑顶建两个烟道用于排烟（图 6-23、图 6-24）。

3 号和 4 号窑是连体窑（编号作者自拟，便于叙述），根据博物馆内的标识可知建造年代为明代，单个窑体外径大约为 4m。

[1] 任双合（1947～），河北唐山人。1967 年毕业于河北省轻工业学校陶瓷美术专业。曾任磁州窑艺术研究所副馆长，中国磁州窑研究会副会长。出版《磁州窑画谱》《磁州窑传统烧制工艺》《中国磁州窑》等书籍。1998 年被评为河北省陶瓷艺术大师，2010 年被评为中国陶瓷艺术大师。

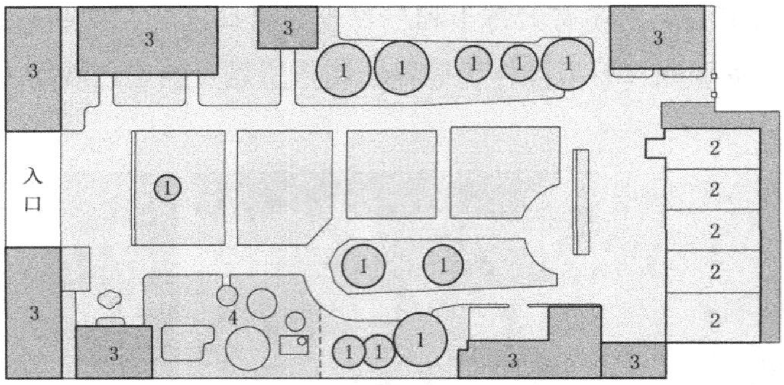

图 6-20　磁州窑富田遗址博物馆平面示意图

1- 馒头窑；2- 工作洞；3- 原其他制瓷用房，现工作人员使用；4- 其他制瓷设施

来源：作者绘

图 6-21　正门

来源：作者摄

图 6-22　门口浮雕文化墙

来源：作者摄

图 6-23　示范窑

来源：作者摄

图 6-24　3 号和 4 号窑

来源：作者摄

窑体外部采用当地的石材来建造，窑体的尺度较小，高度约 4m 左右。这种两座窑相连的做法在当地并不少见，共用一个填火口和一个烟道。这种做法是因为在经济条件紧张的情况下，为减少造价而设计的。建筑材料就地取材，减少了运输成本和人工费用。窑顶上的“馒头”内层用砖叠涩起拱，外层用当地的灰土和砖石砌筑。从现

状上来看，“馒头顶”上已经长满了野草，窑体被较好地保护起来。从外侧可以看到当时留有的排烟口，内部有天子眼。

窑体入口左右两侧同样有 2 个小龛。门头青砖起拱，内外 2 层弧线，与馒头窑的形态相得益彰。入口处的火道，现在铺设了木板，便于游客参观。内部堆满了烧造瓷器使用的笼盔，在一定程度上还原了当时烧瓷的场景（图 6-25）。

（a）窑外部

（b）窑洞口

（c）窑内

图 6-25　3 号和 4 号窑内外部

来源：作者摄

与 3 号和 4 号连体窑相邻的 5 号窑是清代建造的，距今已有百年之久。现在的 5 号窑已经在多年的风吹日晒中损坏，暂时没有进行修复，保持了塌陷的原有状况。

窑体的外部建造材料与 3、4 号窑不同，没有使用当地的石材建造，转而采用当地烧造的红砖作为主材。墙身自下而上用红砖砌筑，砌筑形式主要采用全顺法，中间也会出现不规则的“一顺一丁”。“馒头顶”部分已经坍塌，窑顶上杂草丛生。窑体入口处的门拱券和小龛得到了较好的保留，依旧可以看到当年的样貌（图 6-26）。

11 号窑在 3、4、5 号窑的北侧，是一座近代窑，外部采用笼盔和红砖作为主要材料。外立面分为三段，下段是红砖全顺砌筑；中段笼盔盔底外露，与红砖交替摆放；上段为

图 6-26　5 号窑

来源：作者摄

（a）窑外部

（b）窑内

图 6-27　11 号窑

来源：作者摄

“馒头顶”。窑主体部分直径约 5m，高约 4m。馒头窑的烟囱就地取材，用当地的笼盔材料建造，顶部已经长满杂草。馒头窑左右两侧建有两个填火口，现已经封住。中间窑口的部分现已被打通，成为博物馆内一条可以通行的小道。从其内部穿过，参观者可以近距离地观察窑体内部的情况，窑顶共 7 个通风口和 1 个天子眼，下部有地下烟道（图 6-27）。

11 号窑东侧也是一座现代窑，暂时编号为 A 窑，建造材料上区别于过去所建的馒头窑。窑体直径约 4m，高约 3m。从外形上看，这座馒头窑的平面近似圆形，外部采用笼盔作为主要材料，砖券门嵌于笼盔墙内。窑体顶上的“馒头”砌筑方式有所不同，“馒头顶”直接落在外墙上，两侧顶上建 2 个排烟的烟囱。“馒头顶”由碎砖石和泥灰垒建，烟囱用当地的笼盔建造（图 6-28）。

图 6-28　A 窑

来源：作者摄

9 号窑位于博物馆最北侧，建于清末民初。窑主体部分直径约 6m，高约 5m。窑体外部使用多种材料，能够看到补建的痕迹，推测是经过不同年代的整修。现在的馒头窑的窑顶和烟囱已经坍塌不复存在，窑口搭建支撑体防止其倒塌（图 6-29）。

10 号窑在 9 号窑东侧并与之紧密相邻，但 9 号窑与 10 号窑并不是一座连体窑，各自独立。它们建于清代，整修年代不详。窑主体部分直径约 6m，高约 5m。窑体外部材料主要采用笼盔，只有少部分使用砖材进行过修复，顶部的烟囱已经坍塌损坏。顶部的“馒头”采用泥灰加以少量砖体搭建而成。窑两侧的填火口已经被填平，看不到原有的样貌。窑洞口已经不太稳固，搭建支撑体辅助承重，窑洞口两侧小龛没有被完全损坏（图 6-30）。

图 6-29　9 号窑

来源：作者摄

图 6-30　10 号窑

来源：作者摄

7号窑与8号窑是一座连体窑，建于明代。单个窑体外直径约4m，高约3m，连体窑共用一个填火口进行烧造。它们的外部建造材料都是当地的石材，但顶部“馒头”建造材料略有不同。7号窑采用泥灰和碎瓷片、碎笼盔搭建而成，8号窑采用泥灰作为主要材料，只在最顶部有少量的碎瓷片。窑体的形式也略有差别，7号窑平面近马蹄形，而8号窑平面近圆形。7号窑窑口的门券比8号窑的门券要小一些，且门券形式不同。7号窑保存比8号窑较为完整，8号窑窑洞口外搭设木棍进行支撑（图6-31～图6-33）。

图6-31 7、8号窑
来源：作者摄

图6-32 7号窑
来源：作者摄

图6-33 8号窑
来源：作者摄

7号和8号连体窑东侧的窑目前没有编号，暂编号为B窑，直径约6m，高约5m。外部笼盔和砖材叠加建造，建造过程中搭设上人支架，先涂一层泥灰，再摆置一层笼盔，最后加砖磨平晾干。现在的窑已经废弃不再使用，窑洞口两侧的填火口也已经被填平，四周杂草丛生（图6-34）。

图6-34 B窑
来源：作者摄

磁州窑富田遗址的窑群年代跨度大，窑体保护完整，承载着重要的历史信息。除此以外，制瓷的工艺流程中遗留的石碾、石磨、井口等，再现了窑场制作流程，是陶瓷手工业遗产珍贵的建筑遗存。

第三节　现代博物馆类

一、中国磁州窑历史博物馆

中国磁州窑历史博物馆位于河北省邯郸市峰峰矿区彭城镇滏阳西路385号，主体建筑为现代风格，3层建筑，主要分为办公区与展览区。办公区入口位于建筑西侧，游客入口位于建筑的北侧，内部人员与办公人员分流设计（图6-35、图6-36）。

一层东侧展厅为主题性的临时展厅，一层西侧与二层展示磁州窑的瓷器作品，三层为磁州窑历史沿革立体展示区（图6-37）。

图6-35　中国磁州窑历史博物馆
来源：作者摄

图6-36　馆前赵慨雕像
来源：作者摄

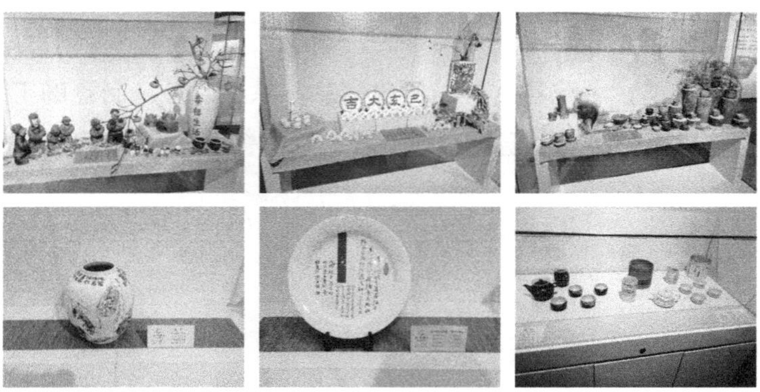

图6-37　部分陶瓷展品
来源：作者摄

一层东侧为临时性的展厅，每年会设立主题展。2019 年上半年的展示主题为“百壶百福”,“百壶”送“百福”。“百壶百福”寓意平安吉祥,是对美好生活向往的最好体现。其中的陶瓷茶壶种类多，花纹丰富多彩，由任双合、刘福生、许文龙、苏朝一、申永斌、宁海军、张林堂、王振国、苗华、李红民等 10 位艺术家参与创作。

二层东侧为中国古代书法绘画展，展出了陶瓷艺术家优秀的书法作品（图 6-38）。二层西侧为当代陶瓷大师精品展厅，展示刘立忠、任双合、闫保山、安际衡、宋润生、张拥军等陶瓷大师代表作品。

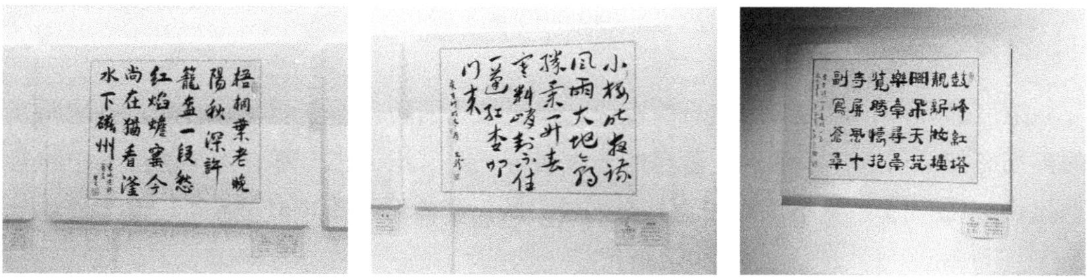

图 6-38　部分书法展品

来源：作者摄

三层为磁州窑历史“陶瓷神话”主题展，分为三部分：“滥觞肇迹”“青涩记忆”“宋、金时期的磁州制瓷业”。

第一部分滥觞肇迹。这部分展示的是古代时期磁州地区的制陶技术。继“磁山文化”之后在河北南部太行山一带的洺河、滏阳河、漳河流域出土了大量的仰韶、龙山文化时期的彩陶、灰陶和黑陶，并有烧制陶器的窑炉。陈列有先商时期、周朝、战国、秦汉时期的烧制陶瓷工艺的演进图（图 6-39）。

图 6-39　部分陶瓷展品（一）

来源：作者摄

第二部分青涩记忆。这一展区展示的是北朝、隋唐时期磁州窑地区的瓷器作品（图 6-40）。

图 6-40 部分陶瓷展品（二）

来源：作者摄

第三部分宋、金时期的磁州制瓷业。宋代是我国陶瓷器空前发展时期，各地新兴的窑场有如雨后春笋般涌现。著名的五大名窑（定、汝、官、哥、钧）就是其中的典型代表。“磁州窑”为五大名窑之外影响最大的民窑体系（图 6-41）。

图 6-41 部分陶瓷展品（三）

来源：作者摄

二、中国磁州窑博物馆

中国磁州窑博物馆位于磁县城内磁州路中段，是展示磁州窑文化的陶瓷类专题博物馆地处磁州窑博物馆广场的中心，是我国 3A 景区。自 2006 年 12 月开馆以来就吸引了各地的游客前来参观。

中国磁州窑博物馆占地面积约为 5200m^2，总建筑面积约为 5000m^2。博物馆前有一个圆形的广场。博物馆主入口面向广场，通过入口的大台阶进入门厅——一个形似馒头窑的门厅，周围空间由弧形流线的展厅环绕围合，在西侧与中间的展厅部分相连。建筑色彩主要以米黄色为主，与馒头窑的颜色相近，体现出了磁州窑文化的特征。主体建筑上下分为两层，侧面设立写有中国磁州窑博物馆字样的醒目标记（图 6-42）。

中国磁州窑博物馆以“黑与白的艺术”为主题，观览流线由一个序厅和四个展厅串联而成。首先是序厅——黑与白的艺术，作为整个博物馆的起点，在序厅内充分展现了“窑”内的氛围，实体模型展示了一部分烧造瓷器的器具和过程，使观众对于磁州窑的瓷器烧造有了一个最直观的感受。第一展厅“窑火初燃”——北朝隋唐时期，主要展示了这一时期部分遗存的瓷器以及碎瓷片，利用实体模型以及壁画展示当时的瓷器制造过程。第二展厅“化境黑白”——宋金元时期，主要展示了这一时期的瓷器演变过程，展示了磁州窑“白地黑花”的装饰艺术从宋代的初创，到金代的鼎盛，再到元代逐渐成熟的过程。第三展厅“余韵悠长”——明清民国时期，主要展示了这一时期磁州窑瓷器的特色及发展，更体现了磁州窑窑火千年不熄。第四展厅“美器由来”——制造工艺，利用实际模型系统地展示了磁州窑瓷器烧造、生产的整个工艺流程。

图 6-42　中国磁州窑博物馆
来源：作者摄

从序厅到第四展厅，中国磁州窑博物馆以时间为轴线，系统全面地展示了磁州窑的历史发展进程。

三、磁州窑艺术馆

磁州窑艺术馆位于河北省邯郸市峰峰矿区彭城镇宝山街。由峰峰矿区大家陶艺有限责任公司投资建设，展品大部分为安际恒作品，也有部分其他艺术家的作品。其建筑面积约为 4000m^2，建筑层数为 4 层。磁州窑艺术馆主要功能为展示磁州窑主题的相关瓷器作品，如花瓶、瓷枕、茶艺器具、瓷质餐具、瓷板画等。磁州窑艺术馆建筑功能包括展示现代陶艺精品、访客接待、商贸洽谈、学术研讨等。磁州窑艺术馆馆藏丰富，文化底蕴深厚，既有磁州窑历史文物陈列展示和传统工艺传承现场演绎，又有现代艺术精品展销。与其他艺术馆不同的是，这里设了陶瓷制作作坊，可加工制作陶瓷制品，满足售卖的需要，同时也满足了部分院校的陶瓷制作实习之需（图 6-43）。

展厅主要分为：现代陶艺展厅、名家陶艺展厅、古文物展示厅、宋金元瓷枕展厅、古代瓷器展厅、艺术交流大厅、茶艺会客大厅（图 6-44）。

内部展品的主要技法为：白地黑花技法（水墨瓷）、黑剔花技法、白化妆刻画花技法、黑釉刻画花技法、红绿彩技法（图 6-45）。

瓷枕中的代表作品为卷草纹束腰枕，宋代作品，珍珠地刻画花，长 20cm、宽 11.5cm、高 12cm。珍珠地白化妆刻画花是从金银器錾花借鉴而来。先在坯体上施以白化妆土后，用竹刀、竹针之类的工具在坯体上刻画图案，然后在图案外的部分，用管

图 6-43　磁州窑艺术馆

来源：作者摄

图 6-44　瓷板画展品

来源：作者摄

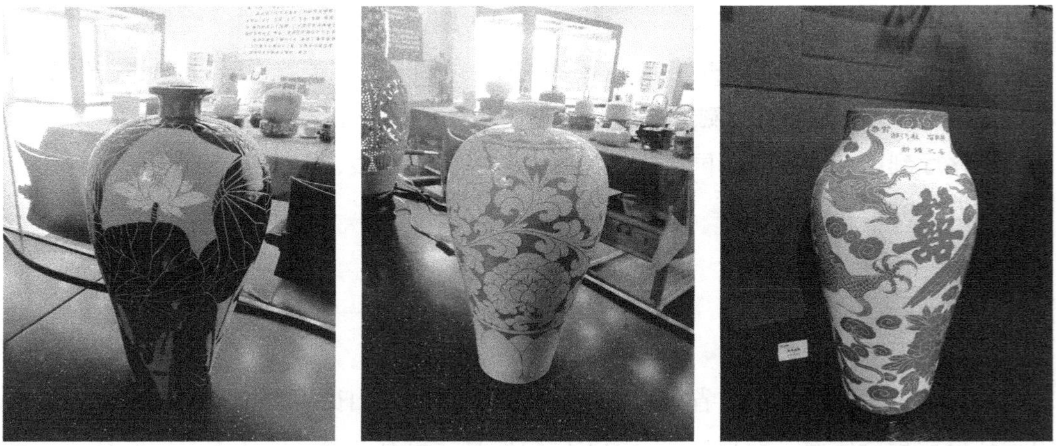

图 6-45　陶瓷作品

来源：作者摄

图 6-46　瓷枕展品

来源：作者摄

状工具戳印出看似珍珠的小圆圈，故名珍珠地刻画花。这种技法使磁州窑的装饰效果更加鲜明丰富，更加精细。这种卷草纹束腰枕以祥云、卷草为素材，花纹精美、舒张自然，凸显简洁典雅、雍容华贵之特点（图 6-46）。

四、魏启山私人博物馆

魏启山私人博物馆是魏氏家族展示私人陶瓷收藏品的场所，是首家民间投资创建的“中国磁州窑民间艺术博物馆”。魏氏家族是磁都彭城的陶瓷世家、陶瓷名家。私人博物馆由 2 处陶艺工作室构成，分别为第一研究室和第二研究室。第一研究室是魏氏陶瓷研究工作室，位于彭城镇（磁都）邯郸市鑫宝煤化工有限责任公司办公楼一楼东侧，即魏启山博物馆。第二研究室是陶乐楼现代陶艺工作室，位于江西省（瓷都）景德镇。

魏启山博物馆现任馆长为魏启山本人，1940 年出生在中国磁州窑之乡（彭城）魏氏陶瓷家族。先后从事过工程师、陶瓷研究员等工作。具有工艺美术大师、中国磁州窑陶瓷世家、中国磁州窑陶瓷名家等荣誉称号，担任过中国磁州窑文化艺术研究会副会长、中国磁州窑收藏家协会顾问、磁州窑文化艺术研究院副院长、中国陶瓷工业协会会员、中国民间文艺家协会会员、新传统陶瓷文化之旅策划人等职务。

魏启山先生为了弘扬磁州窑文化，呕心沥血，不畏烈日严寒，不辞艰辛，踏遍了磁州大地，搜集整理大量资料，对遗物、遗迹、古陶土标本等进行走访调研。他常常奔波于磁州窑古遗址——青碗窑、观台窑、冶子窑、东艾口窑、贾壁窑、彭城窑等古窑区，对各地濒临灭绝的古瓷窑址及磁州窑原始应用的工具以及作坊生产工艺流程进行了收集整理及恢复工作（图 6-47）。魏启山私人博物馆犹如一颗灿烂耀眼的明珠，它是陶瓷艺苑中的绚丽瑰宝，它是民间非物质文化遗产的见证。

私人博物馆内主要展示内容如下：①古磁州窑系列古陶作坊原始生产工艺流程模型；②彭城窑工器具、遗物；③古陶瓷原料、装饰材料、标本；④中国最早陶窑的遗址分布图、中国历代瓷窑遗址分布图、磁州窑遗址分布图、瓷都彭城古窑址分布图；⑤现代磁州窑工艺美术作品；⑥当代陶艺家、工艺美术大师陶艺作品。

图 6-47 展示了制作笼盔（也称匣钵）相关的工艺模型。笼盔为烘烤盘子、碗等器皿的盛放工具。制作笼盔的材料为大青土，使用驴子拉动碾子捣碎制瓷原料，经过在缸里晾晒沉淀后可作为耙泥制作胎体和造型。笼盔的制作方式为泥条盘筑，泥条盘筑是新石器时期的一种做法，工艺比较早。磁州窑的泥条盘筑制作方式，据考证甚至流传到海南。

模型中磁州窑的打水井不同于别处的圆口井，为方口井，起因于元朝时期禁止打圆口井，磁州人民则在圆口井的基础上，覆盖上青石条，使得井口具有方形口的外观（图 6-48）。

图 6-48 展示的是以往铁锈花制作工艺的模型。通过搅动铁杵研磨硬砂石，过滤以后经过沉淀工序，再放入缸内，才能作为装饰釉的原料来使用。这种装饰釉的名字为铁锈花，在磁州窑也称为斑花。

碾压釉料

釉料沉淀

耙泥池

方口取水井

泥浆沉淀池与耙泥池

泥条盘筑制作笼盔

碾压捣碎制瓷原料

草绳带动石盘转动

拉坯轮与坯子

图 6-47　陶瓷制作工艺模型

来源：作者摄

研磨沉淀与旋坯轮

拓坯

铁杵研磨

图 6-48　陶瓷釉料制作工艺模型

来源：作者摄

图 6-49 展示的是储存木柴的仓库模型，外部为两层笼盔结合清水砖的笼盔墙。开敞式的建筑布局，内部储存烤制陶瓷的燃料。

馒头窑为磁州窑制作陶瓷的一种独特建筑，属于非胎模建筑。一层建筑主体上砌筑半球形的窝头状的顶。顶部圆孔称为“天子眼”，周边的小圆孔称为冷穴窟，后面的两个烟囱连通室外产生抽力，起到助燃的作用。馒头窑入口处的两个小圆孔用于存放工具，使得工具顶端有支撑的地方。边上的小房子是工人休息的场所（图 6-50）。

图 6-49 木柴仓库模型

来源：作者摄

图 6-50 馒头窑模型

来源：作者摄

馆内还陈列彭城各窑口的陶瓷碎片，如贾壁窑、青碗窑、彭城窑、冶子窑的瓷片。展品中可以看出时代不同，碗底的形状是不一样的，有的是五个点状的，有的是井字状的。青碗窑位于张二庄，它的特点在于成品品相类似于钧瓷釉，展品中的瓷片上可以清晰地看到几滴钧瓷釉。

彭城窑的展品为煤油灯容器，将它们有序地排列在一起，可以看到小小的煤油灯也蕴含着制作工艺与审美的变迁。冶子窑位于观台，起源于宋代，展品中的独特之处在于，竖纹状的肌理是由经过裁剪的木梳篦子刮成的（图 6-51）。

魏启山先生近年来一直在研究当代陶瓷的发展，将新的时代气息注入磁州窑文化当中。图 6-52 展示的是他近期的陶瓷作品，经过 2 年完成。作品外观像铁艺，但却是用陶瓷烧制的技术完成的。魏启山先生充分研究铁器的氧化规律，通过陶瓷的制作原料及工艺，模仿铁器的蜕皮肌理制作而成。这件作品充分体现了魏启山先生的匠心精神，以及钻研陶瓷的满腔热忱，值得我们学习。

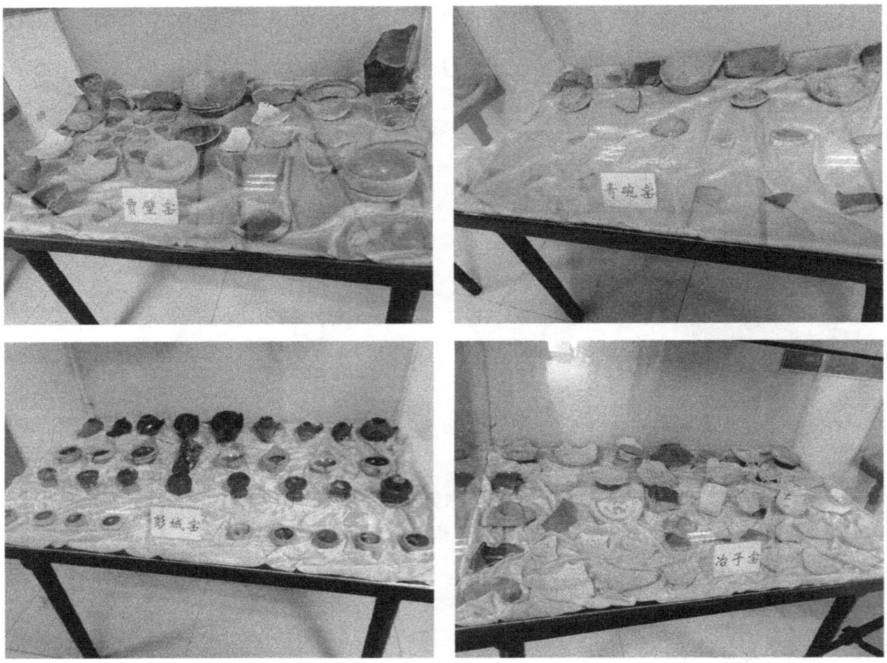

图 6-51　贾壁窑、青碗窑、彭城窑、冶子窑生产的陶瓷产品及瓷片

来源：作者摄

图 6-52　魏启山作品

来源：作者摄

第四节　磁州窑艺术工坊

当下彭城的陶瓷工艺还在蓬勃发展，但陶瓷的烧造技艺、作品题材、经营方式都发生了改变。各种磁州窑艺术工坊（陶瓷作坊）就是较为典型的经营模式。彭城的艺术工坊经营者大多是磁州窑烧造技艺的传人，主要经营形式可以分为3类：一类是结合磁州窑手工业建筑遗存，对工作洞等生产性空间进行保护再利用，如擀扙窑艺术工坊、黄家窑艺术工坊；另一类是结合遗址博物馆，建立艺术家工作室，如任双合所在的富田遗址博物馆、刘立忠所在的盐店遗址博物馆；还有一类相对自主，建筑主要是自建或租用的民房。这些艺术工坊主要分布在磁州窑艺术街区、新华街、前壁街、后壁街等处。艺术工坊的主要功能包括作品创作、产品销售、展示宣传、研学合作、实践基地等。

一、遗址类艺术工坊

1. 擀扙窑艺术工坊

擀扙窑艺术工坊的位置与彭城文昌阁邻近，它是彭城新华历史街区主要的历史建筑。因为这处艺术工坊是在擀扙窑遗址上保护利用起来的，所以命名为擀扙窑艺术工坊（图6-53）。擀扙窑遗址的原建筑遗存主要包括一座连体窑炉和两条工作洞。工坊在此基础上加建了一些工作用房。

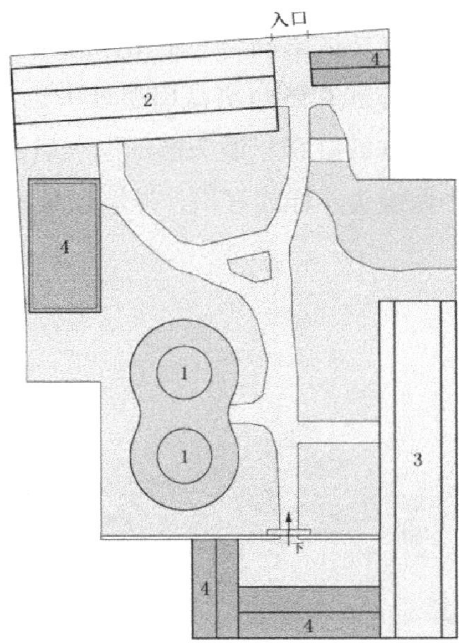

图6-53 擀扙窑艺术工坊平面示意图

1-馒头窑；2-工作洞；3-原工作洞，现"在路上"户外团队教育基地；4-原其他制瓷用房，现工作人员使用

来源：作者绘

这里的经营者是任龙先生，磁州窑技艺的传承人。艺术工坊在较为僻静的小路上，外围墙用红砖和笼盔盖起，朱红的大门格外显眼。进入坊区，西侧是一个改造后的工作洞，从外观来看，这个工作洞已经焕然一新。在工作洞的入口处加建了一个玻璃盒子，将入口部分完全包裹着，穿过玻璃盒子就能到达工作洞的内部。室内完全用白涂料粉刷，改善了采光条件。墙脚与屋顶起拱形成的结构分界线清晰可见。室内摆放了一些制作瓷器所需要的工具和操作台，艺术工坊主要的创作活动就在这里。参观者可以领略到陶瓷艺人制作瓷器、绘制花纹的工艺流程。内部曾经的通风口经过改建，在通风口上加了不可开启的玻璃罩子，用于加强工作洞的采光。白天阳光好的时候，采光口基本可以满足工作所需光照度的需求，但如果要进行瓷器上图案的绘制，还是需要人工照明设备辅助。另外，在工作洞侧面洞口的外面也加建了玻璃盒子，可以通达另一个工作洞，形成玻璃通廊（图6-54）。

（a）内部由排烟口改造的天窗　（b）工作洞内洞口　（c）加建玻璃罩后变为阳光房

图 6-54　改造后窑内部

来源：作者摄

工作坊区南侧是一个由两座馒头窑相连而成的窑炉，共用一个添火口。这种经济的建造方式在磁州窑富田遗址中也出现过（图 6-55）。连体窑内部空间相对宽阔，是烧制大缸的缸窑。馒头窑的添火口用土填平，但没有出现损坏现象。连体窑的顶上有两个像馒头一样的穹顶，外墙也是采用笼盔作为材料进行建造。

图 6-55　连体窑

来源：作者摄

图 6-56　工作洞

来源：作者摄

连体窑东侧是一条工作洞，这条工作洞比其他工作洞更长，工作洞长 15m，宽 8m，中间有一个贯通的洞口。从中间的洞口贯穿整条工作洞，可以达到后院的场地。现在场地主要提供给陶瓷烧造的体验者，或者中小学生观摩学习（图 6-56、图 6-57）。

整个院子让人一进入就有一种静谧的氛围，触手可及的花草，长长的工作洞，相连的馒头窑以及别具一格的小品景观，都让人们感受到现代都市生活中所感受不到的历史过往和文化传承。

图 6-57　工作洞内部

来源：作者摄

2. 黄家窑艺术工坊

黄家窑（图 6-58）与磁州窑艺术街区相距不远，穿过早市街，就能看到“磁州窑黄家窑陶瓷作坊”的示意牌。现在陶瓷艺术大师闫保山老先生还在这里进行陶瓷创作（图 6-59）。闫保山先生家里世代制瓷，他从小就对制瓷产生了很大的兴趣。除了传统陶瓷作品，闫保山先生还擅长制作建筑用陶瓷构件，如鸱吻、妙音鸟等（图 6-60）。

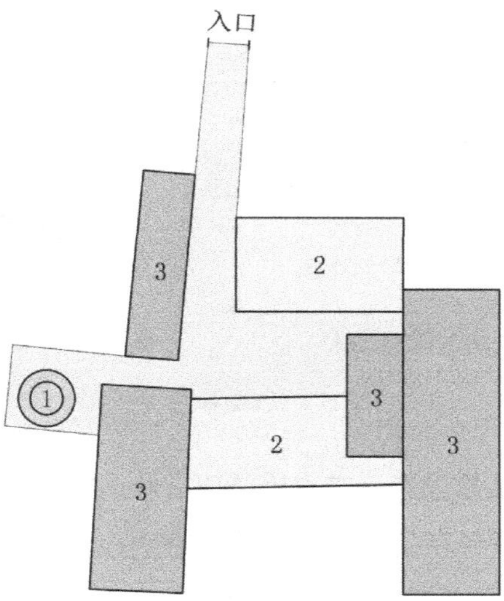

图 6-58　黄家窑艺术工坊平面示意图

1- 馒头窑；2- 工作洞；3- 原其他制瓷用房，现工作人员使用

来源：作者绘

黄家窑艺术工坊从街道由北院门进入，迎面南侧是一座现代的平顶房建筑，东侧是工作洞遗存，三条工作洞并列，整体保存良好。由于彭城街区地面不断整修加高，工作洞的室内地坪与室外场地地坪形成 1m 的高差。工作洞外观略有改建，内部经过

图 6-59　黄家窑工作洞内部
来源：作者摄

图 6-60　黄家窑烧制的妙音鸟
来源：作者摄

粉刷，基本维持了原状。工作洞内陈列着烧造完成的作品。作品的种类丰富，从磁州窑经典的梅瓶艺术到寻常百姓家的瓷枕，都可以在这里见到。除了作为展示区，工作洞的主要功能用于日常创作。通常陶艺工人在室内完成拉坯、上釉等工序（图 6-61、图 6-62）。

图 6-61　黄家窑艺术工坊的陶艺工人
来源：作者摄

图 6-62　黄家窑艺术工坊的展柜
来源：作者摄

在院子西侧为一座馒头窑遗存，基本维持原有状态，现在也已经废弃不再使用（图 6-63）。里面堆放了一些曾经在瓷器制作过程中使用过的工具和摆放瓷器的架子（图 6-64）。这个窑里的烟道得到了较好的保留，还没有被填充，可以从窑内部看到烟道的样子。而窑的周边新建了一些房屋，遮挡了馒头窑的入口，在通向入口的小路上也放置了一些杂物。目前窑炉已经被列为文保单位（图 6-65、图 6-66）。

3. 小豆湾窑艺术工坊

小豆湾窑艺术工坊在彭城镇磁州窑艺术街区的西侧，它是在小豆湾窑遗址上发展起来的（图 6-67）。院内有一座明代馒头窑炉和一组柜房建筑（图 6-68、图 6-69），已

图 6-63 黄家窑外部

来源：作者摄

图 6-64 黄家窑烟道口

来源：作者摄

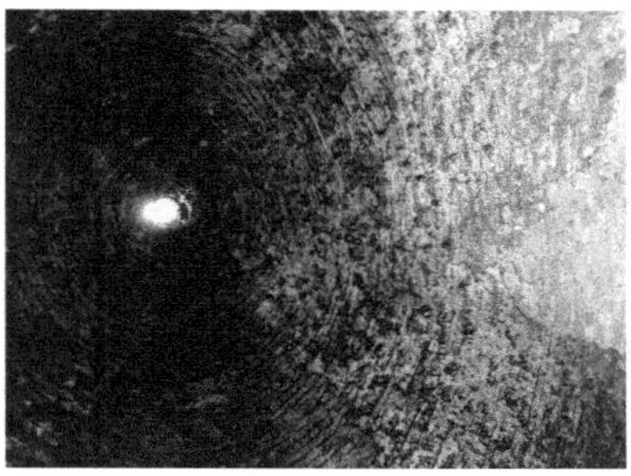

图 6-65 天子眼

来源：作者摄

图 6-66 窑体内部

来源：作者摄

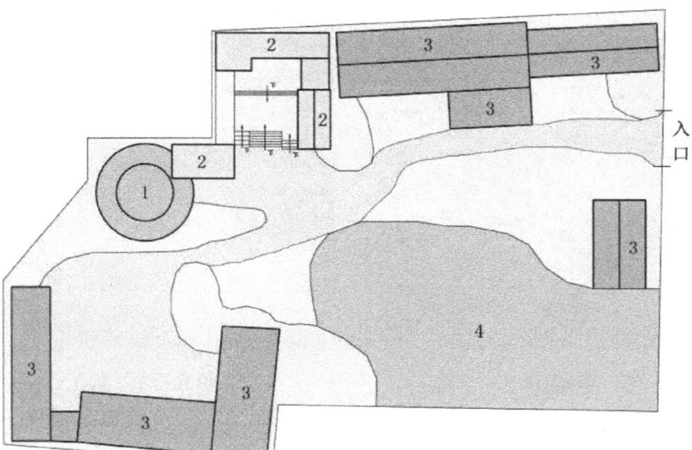

图 6-67 小豆湾窑艺术工坊

1- 馒头窑；2- 原其他制瓷用房；3- 后期加建工作人员用房；4- 瓷器山

来源：作者绘

图 6-68　小豆湾遗址的柜房
来源：作者摄

图 6-69　小豆湾遗址的馒头窑
来源：作者摄

经批准为文保单位。明代窑炉砌筑的材料主要是石材，窑顶穹隆为砖砌结构，顶外部用笼盔和陶瓷碎片铺设粘贴，起到防水作用。窑炉顶部有 7 个通风口和 1 个“天子眼”。窑炉目前空置，经过简单的保护修缮。

柜房是磁州窑窑场中的办公建筑。小豆湾遗址的柜房建筑与馒头窑相邻，现仅剩北向和东向两座单体。柜房是硬山屋顶，三开间，方形窗洞，抬梁式屋架。柜房的对面是一座“瓷器山”（图 6-70），是一些在烧制中损坏或是烧造失败的瓷器和碎片，经营者将这些碎片收集在一起，形成了“瓷器山”，成为院内的一道景观（图 6-71）。

图 6-70　瓷器山
来源：作者摄

图 6-71　窑工休息的小院
来源：作者摄

小豆湾窑艺术工坊在原貌建筑的基础上，经营者在遗址的西南侧加建了工作室，满足平时的陶艺创作和烧制工作。在节假日，小豆湾窑艺术工坊与彭城镇当地的幼儿园和中小学校有研学合作，为学生们组织陶瓷技艺体验的活动。在磁州窑旧遗址中经营艺术工坊，不仅是建筑遗产活化的有效策略，而且起到了保护的作用。原来几乎荒废的小豆湾窑址，如今也焕发了新的生机。

二、博物馆类艺术工坊

富田遗址博物馆中最东侧有5条工作洞，在不改变原貌的原则下，陶艺家结合文学艺术将其作为开放的艺术工坊，传播磁州窑文化。工作洞从北至南编号为①～⑤，名字分别是“集萃”“寻春”“沐夏”“赏秋”“吟冬”（图6-72～图6-74）。

工作洞内部已经经过了一定程度上的装修，墙面全部经过粉刷，原有工作洞内的搭建结构现在已经看不到了。每一个工作洞按照编号在门的两侧挂有瓷盘，瓷盘上绘有牡丹花，花朵的数量与编号一致（图6-75）。

图6-72　寻春

图6-73　沐夏

图6-74　赏秋

来源：作者摄

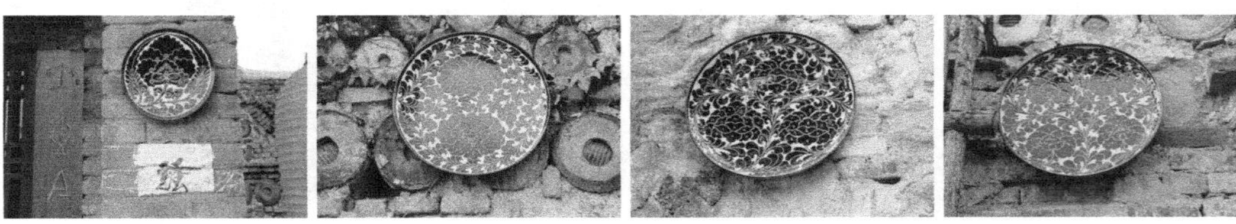

图6-75　工作洞门口瓷盘

来源：作者摄

①号工作洞“集萃”门两边写有一副甲骨文字对联，上联“无尽今来古往”，下联“多少秋月春花”。内部陈列展示了一部分瓷器和老照片。入口正对有一副门扇，左右用青砖砌筑门垛，前方各摆放一对石狮（图6-76）。展室展出的瓷器大部分为当代名家所做，没有玻璃展柜，游客可以近距离地接触展品仔细观看（图6-77～图6-79）。墙壁上挂着彭

图6-76　集萃

来源：作者摄

图 6-77　集萃内部（一）

来源：作者摄

图 6-79　集萃内部（二）

来源：作者摄

图 6-78　集萃内部陈列

来源：作者摄

（a）20 世纪 60 年代磁州窑风貌　（b）20 世纪 40 年代原料耙泥池　（c）1942 年日本人小山富先生拍摄的磁州窑

图 6-80　彭城老照片

来源：作者翻拍于博物馆内

城镇的老照片，可以看得出当年彭城陶瓷业的兴旺发达（图 6-80）。

②号工作洞“寻春”现在被用作瓷器的制作场所，在内部开设通道与③ ~ ⑤号工作洞相连。内部没有过多的装饰，在墙面上可以看到当时的砌筑方式是采用斜砖砌筑，无模具起拱。工艺坊内部的陶瓷艺人就在这里工作。

③号工作洞内设有供游客体验的手工 DIY 陶瓷区，可以亲身体验制作瓷器的乐趣（图 6-81）。

图 6-81　工作洞内部及结构
来源：作者摄

三、其他工艺坊

1. 异品坊

磁州窑异品坊位于彭城镇三合路 1 号，是磁州窑艺术街区的组成部分，坊内主要经营瓷器制作及售卖，还有陶瓷艺术体验和传授。

异品坊占地较大，利用原有陶瓷厂的生产厂房作为工作地，在室外空间也处处体现陶瓷艺术的魅力。有碎瓷片拼制而成的景观墙面，色彩斑斓；有摆放着异品坊烧制的各种瓷器的隔断墙；有将瓷器和植物水面结合而成的小品景观（图 6-82、图 6-83）。

图 6-82　异品坊内小品景观
来源：作者摄

图 6-83　异品坊内隔墙
来源：作者摄

异品坊内的瓷器烧制已经不再使用馒头窑，而是使用现代化的电烤炉进行瓷器的烧造，既可方便控制烧制的温度和火候，保证作品质量，又减少了有害气体的排放。宽大的院内还摆放着正在进行晾晒的瓷坯等半成品，等待干燥后再进行后续的加工，处处体现着磁州窑艺术的浓浓气息。

2. 磁州窑艺术街区的艺术工坊

在磁州窑艺术街区内还有部分艺术工坊，它们的功能不同，一些只进行瓷器的售卖，一些只进行手工制作，还有一些兼顾瓷器的制作和售卖工作。这些小作坊一般都使用曾经的工作洞作为场地，并且只针对一种类型的瓷器进行制作。例如以佛像为主题的艺术工坊，栩栩如生的佛像在工作洞中被制作出来，送往各处进行销售。东阁的周围还有很多类似的主题式艺术工坊，覆盖了整个街区，形成了当代的磁州窑艺术文化市场（图 6-84）。

（a）瓷器　（b）晒坯　（c）翻模

图 6-84　工作坊内制作陶坯

来源：作者摄

除此以外，安际衡先生出资建立的磁州窑艺术馆，也建立了一个艺术工坊，规模相对较大。工坊内有瓷器的制作室，坊内划成大小不一的玻璃隔间，每个隔间分配不同的工序进行制作。这些博物馆内的艺术工坊更是被许多学校作为实习基地，作为校外相关专业学生的学习场所和实践场地（图 6-85）。

图 6-85　安际衡艺术馆

来源：作者摄

走过千年风雨，磁州窑创造了它的辉煌，也经历了它的低谷。时至今日，彭城一代又一代的陶瓷艺人，用他们的青春和智慧谱写着磁州窑新的历史篇章。而当代的彭城人正以他们独特的方式，将新时代的讯息注入磁州窑文化，我们期待着磁州窑的未来更加美好！

参考文献

[1] 温克尔曼 . 古代艺术史 [M]. 北京：中国人民大学出版社，1989.

[2] 叶麟趾 . 古今中外陶瓷汇编 [M]. 北京：文奎堂书庄，1934.

[3] 刘可栋 . 我国北方的馒头窑简考 [J]. 唐山：河北陶瓷，1976.

[4] 刘可栋 . 我国古代馒头窑的分布——略论古代的窑炉选型 [J]. 景德镇：瓷器，1979.

[5] 刘勇，马秉先，陈光唐，刘东光，陈光唐，刘勇 . 河北邯郸鼓山常乐寺遗址清理简报 [J]. 北京：文物，1982.

[6] 芦原义信 . 外部空间设计 [M]. 尹培桐译，北京：中国建筑工业出版社，1985.

[7] 常德忠 . 关于“对仗”[J]. 银川：宁夏大学学报（社会科学版），1986.

[8] 程在廉 . 磁州窑地质研究中的几个问题 [J]. 唐山：河北陶瓷，1986.

[9] 祁英涛 . 中国古代建筑的保护与维修 [M]. 北京：文物出版社，1986.

[10] 郑全富 . 试论磁州窑艺术的特点及其影响 [J]. 景德镇：中国陶瓷，1986.

[11] 郑一民 . 磁州窑的传说 [M]. 北京：中国民间文艺出版社，1986.

[12] 舒新城 . 辞海 [M]. 上海：上海辞书出版社，1989.

[13] 任平，伯阳，刘国 . 磁州窑研究概述 [J]. 郑州：郑州大学学报（哲学社会科学版），1991.

[14] 邯郸市地方志编纂委员会 . 邯郸市志 [M]. 北京：新华出版社，1992.

[15] 陆元鼎，陆琦 . 中国民居装饰装修艺术 [M]. 上海：上海科学技术出版社，1992.

[16] 侯延臻 . 峰峰文史资料——第一辑 [M]. 峰峰：峰峰矿务局报社印刷厂印刷，1994.

[17] 薛星明，李伟 . 中国历史文化名城——邯郸 [M]. 北京：中国建筑工业出版社，1995.

[18] 北京大学考古学系 . 观台磁州窑址 [M]. 北京：文物出版社，1997.

[19] 刘沛林 . 古村落：和谐的人居空间 [M]. 上海：上海三联书店，1997.

[20] 秦大树 . 观台磁州窑遗址繁荣阶段论述 [J]. 郑州：中原文物，1997.

[21] 秦大树 . 简述观台窑的兴衰史 [J]. 石家庄：文物春秋，1997.

[22] 楼庆西 . 中国传统建筑装饰 [M]. 北京：中国建筑工业出版社，1999.

[23] 颜纪臣 . 中国传统民居与文化：中国民居第七届学术会议论文集第七辑 [M]. 山西：山西科学技术出版社，1999.

[24] 磁县地方志编纂委员会 . 磁县志 [M]. 北京：新华出版社，2001.

[25] 潘明率 . 丁村聚落及其民居形态分析 [D]. 太原：太原理工大学，2002.

[26] 沈福熙，沈鸿明 . 中国传统建筑装饰的文化源流 [M]. 武汉：湖北教育出版社社，2002.

[27] 秦大树 . 金代磁州窑的繁荣及其原因探讨 [J]. 北京：考古学研究，2003.

[28] 郝良真．磁州窑古瓷 [M]. 陕西：陕西人民美术出版社，2004.

[29] 陆地．建筑的生与死——历史性建筑再利用研究 [M]. 南京：东南大学出版社，2004.

[30] 潘谷西．中国建筑史 [M]. 北京：中国建筑工业出版社，2004.

[31] 王兴．磁州窑史话 [M]. 天津：天津古籍出版社，2004.

[32] 赵淑静．楠溪江乡土建筑研究和保护 [M]. 云南：云南人民出版社，2004.

[33] 马小青．河北境内磁州窑的内河运输 [J]. 石家庄：文物春秋，2005.

[34] 王金平．山右匠作辑录 [M]. 北京：中国建筑工业出版社，2005.

[35] 过伟敏．建筑艺术遗产保护与利用 [M]. 江西：江西美术出版社，2006.

[36] 楼庆西．乡土建筑装饰艺术 [M]. 北京：中国建筑工业出版社，2006.

[37] 梁思成．清式营造则例 [M]. 北京：清华大学出版社，2006.

[38] 孟繁兴，陈国莹．古建筑保护与研究 [M]. 北京：知识产权出版社，2006.

[39] 张强．关帝庙建筑的布局及其空间形态分析——以山西省境内现存的关帝庙为例 [D]. 太原：太原理工大学，2006.

[40] 王金平，朱赛男．非居住建筑在聚落中的布局与形态特征分析——以晋商传统聚落中的祠堂、祭祀建筑、戏台为例 [A]. 西安：西安建筑科技大学、中国民族建筑研究会民居建筑专业委员会，2007.

[41] 周乾．古建筑斗匾构造与尺度规律研究 [A]. 北京：中国紫禁城学会第六次学术讨论会，2007.

[42] 张笑楠．河南地区明清会馆建筑及其室内环境研究——兼论可持续的古建筑保护 [D]. 南京：南京林业大学，2007.

[43] 程大锦．建筑：形式、空间和秩序（第三版）[M]. 天津：天津大学出版社，2008.

[44] 陈甲全，张义丰，陈美景．古村落研究综述 [J]. 合肥：安徽农业科学，2008.

[45] 蔡子谔．磁州窑造型艺术与民俗文化 [M]. 保定：河北大学出版社，2008.

[46] 郭守福．磁州窑文化 [M]. 北京：新华出版社，2008.

[47] 高喜红．传统民居室内外过渡空间研究 [D]. 天津：天津大学，2008.

[48] 胡柏彦．丁村民居中的三雕艺术 [J]. 太原：山西建筑，2008.

[49] 陆元鼎，杨新平．乡土建筑遗产的研究与保护 [M]. 上海：同济大学出版社，2008.

[50] 彭一刚．建筑空间组合论（第三版）[M]. 北京：中国建筑工业出版社，2008.

[51] 武晶．峰峰响堂山石窟及纸坊玉皇阁建筑研究 [D]. 天津：天津大学，2008.

[52] 于海广．中国文化遗产保护概论 [M]. 山东：山东大学出版社，2008.

[53] 朱广宇．中国传统建筑门窗、隔扇装饰艺术 [M]. 北京：机械工业出版社，2008.

[54] 常青．历史环境的再生之道——历史意识与设计探索 [M]. 北京：中国建筑工业出版社，2009.

[55] 戴建兵．中国近代磁州窑史料集 [M]. 北京：科学出版社，2009.

[56] 傅慧平．人类学视角下的祠堂重建——以江西某村落为个例 [J]. 新余：新余高专学报，2009.

[57] 李轲．陕南传统民居建筑装饰艺术研究 [D]. 西安：西安美术学院，2009.

[58] 梁燕 . 中国传统文字装饰性研究 [D]. 昆明：昆明理工大学，2009.

[59] 单霁翔 . 文化遗产保护与城市文化建设 [M]. 北京：中国建筑工业出版社，2009.

[60] 詹嘉，何炳钦，胡伟 . 景德镇陶瓷之路和遗产廊道的保护与利用 [J]. 景德镇：陶瓷学报，2009.

[61] 叶喆民 . 中国磁州窑（上、下）[M]. 石家庄：河北美术出版社，2009.

[62] 邯郸市峰峰矿区 . 峰峰通鉴 [M]. 哈尔滨：北方文艺出版社，2010.

[63] 郝良真 . 近代磁州窑 [M]. 北京：科学出版社，2010.

[64] 李秋香，罗德胤等 . 北方民居 [M]. 北京：清华大学出版社，2010.

[65] 宋秀英 . 湖北罗田县建筑装饰研究 [J]. 成都：四川建材，2010.

[66] 袁芳，赵迈 . 苏州园林建筑挂落纹样的装饰语言 [J]. 长沙：艺海，2010.

[67] 袁倩 . 基于广州城市边缘区历史村落的保护与更新模式研究 [D]. 广州：华南理工大学，2010.

[68] 赵立春 . 磁州窑文化研究：彭城磁州窑大遗址保护调查 [M]. 北京：九州出版社，2010.

[69] 赵立春 . 磁州窑窑工信仰习俗 [M]. 北京：九州出版社，2010.

[70] 赵立春 . 彭城磁州窑大遗址保护调查 [M]. 北京：九州出版社，2010.

[71] 赵勇，梅静 . 我国历史文化名城名镇名村保护的现状、问题及对策研究 [J]. 小城镇建设，2010.

[72] 陈鲲 . 鄂西传统民居装饰符号与设计应用研究——以鄂西恩施自治州城市风貌设计为例 [D]. 武汉：华中科技大学，2011.

[73] 龚洺 . 传统园林建筑细部研究 [D]. 保定：河北农业大学，2011.

[74] 李琼怡 . 邯郸市峰峰矿区历史文化的保护与利用研究 [D]. 武汉：华中科技大学，2011.

[75] 李砚祖 . 装饰之道 [M]. 北京：中国建筑工业出版社，2011.

[76] 尚圆圆 . 浙江缙云县河阳古村落保护与更新研究 [D]. 苏州：苏州科技学院，2011.

[77] 石涛 . 传统民居建筑保护与利用技术研究初探 [D]. 济南：山东建筑大学，2011.

[78] 宋娜，刘立钧 . 邯郸市彭城镇历史文化街区的保护研究 [J]. 扬州：中国名城，2011.

[79] 王建保 . 磁州窑考察纪略 [J]. 景德镇：陶瓷学报，2011.

[80] 吴麟 . 古建筑文字装饰初探 [J]. 福州：福州大学学报，2011.

[81] 张玉寒 . 康百万庄园装饰艺术中的吉祥图案研究 [D]. 开封：河南大学，2011.

[82] 朱良文 . 传统民居价值与传承 [M]. 北京：中国建筑工业出版社，2011.

[83] 曹颖，吴婧姝，史芳 . 青花瓷韵——瓷文化在景德镇里弄改造中的再现及重构 [J]. 北京：工业建筑，2012.

[84] 陈长星 . 广州祠堂建筑装饰色彩艺术研究 [D]. 广东：广东工业大学，2012.

[85] 陈志华，李秋香 . 中国乡土建筑初探 [M]. 北京：清华大学出版社，2012.

[86] 戴小巧 . 金门传统民居建筑的民俗意象研究 [D]. 福建：福建师范大学，2012.

[87] 郝文璟 . 资源地区村庄建设选址研究 [D]. 北京：北京建筑工程学院，2012.

[88] 李秋香，陈志华 . 乡土瑰宝：祭祀建筑 [M]. 北京：生活 · 读书 · 新知三联书店，2012.

[89] 李燕 . 涉县刘家寨传统聚落与民居研究 [D]. 邯郸：河北工程大学，2012.

[90] 荣树坤 . 河南康百万庄园室内与家具装饰艺术研究 [D]. 哈尔滨：东北农林大学，2012.

[91] 宋娜 . 彭城镇历史街区保护研究 [D]. 邯郸：河北工程大学，2012.

[92] 王成亮，梁东洲，朱坤静，等 . 邯郸市辖区历史与现今地震活动性特征 [J]. 三河：防灾科技学院学报，2012.

[93] 维特鲁威 . 建筑十书 [M]. 北京：北京大学出版社，2012.

[94] 薛淞文 . 南岳佛教寺庙空间形态研究 [D]. 湖南：湖南工业大学，2012.

[95] 张志刚 . 沁河流域古堡建筑装饰艺术探究 [D]. 太原：山西大学，2012.

[96] 冯骥才 . 为了文明的传承——关于传统村落整体保护的思考 [J]. 北京：文明，2013.

[97] 李春甫 . 牌匾的发展历史和文化 [J]. 北京：丝网印刷，2013.

[98] 李慧 . 磁州窑传统装饰在当代的创新发展 [D]. 景德镇：景德镇陶瓷学院，2013.

[99] 李敏锋，程建军 . 浅析岭南砖墓砖作技术 [J]. 武汉：华中建筑，2013.

[100] 梁思成 . 营造法式注释 [M]. 北京：生活・读书・新知三联书店，2013.

[101] 刘仁秀 . 中国传统村落掠影——南方篇 [J]. 郑州：美与时代 (上)，2013.

[102] 刘颖 . 土家传统民居装饰语言研究 [D]. 武汉：武汉理工大学，2013.

[103] 吕红，郎小霞 . 泰山岱庙建筑空间组景艺术的研究 [J]. 泰安：山东农业大学学报 (自然科学版)，2013.

[104] 润生，邱天，徐静 . 从城市文脉内涵到建筑地域性特征 [J]. 青岛：青岛理工大学学报，2013.

[105] 许家伟 . 乡村聚落空间结构的演变与驱动机理 [D]. 开封：河南大学，2013.

[106] 颜艳 . 河南省巩义窑洞建筑研究 [D]. 武汉：华中科技大学，2013.

[107] 张鹤严 . 开平古村落保护的控制与引导方法研究 [D]. 哈尔滨：哈尔滨工业大学，2013.

[108] 张阳 . 丁村明清民居影壁装饰艺术浅析 [J]. 杭州：艺术科技，2013.

[109] 丁智才 . 新型城镇化背景下传统村落特色文化的保护与传承——基于缸瓦窑村的考察 [J]. 青岛：中国海洋大学学报 (社会科学版)，2014.

[110] 杜昕 . 古村落村民的居住空间认同研究 [D]. 温州：温州大学，2014.

[111] 范雪青 . 大别山系传统民居建筑装饰研究 [D]. 郑州：郑州大学，2014.

[112] 汉宝德 . 建筑历史文化 [M]. 北京：清华大学出版社，2014.

[113] 罗明 . 湖南清代文教建筑研究 [D]. 长沙：湖南大学，2014.

[114] 申宏伟 . 基于磁州窑文化为背景的景观材料的选择及应用 [D]. 昆明：昆明理工大学，2014.

[115] 吴维 . 城市化进程中历史建筑保护探索性研究——以赣州旧城中心区为例 [D]. 赣州：赣南师范学院，2014.

[116] 谢珂，谢震林 . 徽州古民居内部空间秩序的社会文化观念形态体现 [J]. 北京：工业建筑，2014.

[117] 严颖 . 景德镇老城区明清古建筑古街保护和改造研究 [D]. 景德镇：景德镇陶瓷学院，2014.

[118] 杨钢 . 中西建筑室内空间设计再思考 [J]. 郑州：美与时代 (上)，2014.

[119] 中华人民共和国住房和城乡建设部 . 中国传统民居类型（全集上）[M]. 北京：中国建筑工业出

版社，2014.

[120] 左玉河 . 中国口述史研究现状与口述历史学科建设 [J]. 北京：史学理论研究，2014.

[121] 高禅 . 冀南地区传统合院式民居空间形态研究 [D]. 邯郸：河北工程大学，2015.

[122] 高嵬 . 浙江传统民居 (沿海石屋群) 改造与保护探究 [J]. 北京：建筑与文化，2015.

[123] 邯郸市峰峰矿区文化馆 . 中国磁州窑——烧制技艺 [M]. 邯郸：邯郸市金华印务有限公司，2015.

[124] 侯月阳 . 晋东南古村落民居建筑的装饰艺术研究 [D]. 西安：西安建筑科技大学，2015.

[125] 吉亚君 . 基于地域性的当代建造技艺研究 [D]. 北京：清华大学，2015.

[126] 李光磊 . 冀南武安地区的“两甩袖”院落式传统民居研究 [D]. 西安：西安建筑科技大学，2015.

[127] 刘琼琳 . 广州近代商贸建筑研究 [D]. 广州：华南理工大学，2015.

[128] 任登军，徐良，张慧 . 蔚县传统民居院落空间文化 [J]. 重庆：重庆建筑，2015.

[129] 孙全利 . 凝聚民众力量保护百年祠堂 [N]. 北京市：中国文物报，2015.

[130] 滕有平 . 徐州传统民居建筑装饰与空间的度量关系研究 [D]. 江苏：江南大学，2015.

[131] 王贵祥，刘畅，段智钧 . 中国古代木构建筑比例与尺度研究 [M]. 北京：中国建筑工业出版社，2015.

[132] 王暮阁 . 响堂佛学研究中心布局与空间营造探索 [D]. 北京：清华大学，2015.

[133] 续冠逸 . 城隍庙建筑的形制与空间布局分析——以山西省境内的城隍庙为例 [D]. 山西：太原理工大学，2015.

[134] 张达，肖红，周宏伟 . 我国历史文化村镇保护与发展研究述评 [J]. 南宁：规划师，2015.

[135] 邹慧源 . 南京地区历代影壁保存现状的调查及分析 [D]. 南京：南京师范大学，2015.

[136] 刘治国 . 刘志国磁州窑论文集 [C]. 北京：磁州窑火（北京）文化传播有限公司，2016.

[137] 马丽，郭温溪 . 传统村落风貌的保护方式探索——以浙江宁海县许家山村为例 [J]. 北京：装饰，2016.

[138] 马宁 . 保定市裕华西路中段历史建筑遗存研究 [D]. 西安：西安建筑科技大学，2016.

[139] 庞洪奇，庞枫陶 . 明清磁州窑史料辑考 [J]. 邯郸：邯郸学院学报，2016.

[140] 宋博文 . 历史文化名村实用性保护规划研究 [D]. 邯郸：河北工程大学，2016.

[141] 杨梅 . 重庆罗汉寺建筑装饰艺术研究 [D]. 重庆：重庆师范大学，2016.

[142] 要楠 . 1912—1937 彭城陶瓷业衰败原因研究 [D]. 石家庄：河北师范大学，2016.

[143] 张晓桐 . 新型城镇化背景下的古村落保护与开发研究 [D]. 昆明：云南大学，2016.

[144] 赵媛媛 . 涉县刘家寨传统居民建筑研究 [D]. 邯郸：河北工程大学，2016.

[145] 郑慧敏 . 闽南传统民居建筑装饰及文化表达 [D]. 北京：中央美术学院，2016.

[146] 周涵 . 新型城镇化趋势下的我国历史文化村落研究 [D]. 舟山：浙江海洋大学，2016.

[147] 陈坤 . 赣中地区传统村落的保护与发展策略探析——以吉安市夽田古村为例 [A]. 重庆：中国民

族建筑研究会第二十届学术年会论文特辑（2017）[C].2017.

[148] 陈琳 . 明清琼雷地区祭祀建筑研究 [D]. 广东：华南理工大学，2017.

[149] 高琪 . 蔚县暖泉镇古村落传统建筑装饰研究 [D]. 保定：河北大学，2017.

[150] 高勇 . 江西省历史文化名镇空间形态及其影响因素 [D]. 抚州：东华理工大学，2017.

[151] 顾雪萍 . 广府神庙建筑研究 [D]. 广东：华南理工大学，2017.

[152] 李晓娜 . 冀南地区传统建筑“阁”的研究 [D]. 邯郸：河北工程大学，2017.

[153] 李亚东 . 河南浚县碧霞宫的形制布局与文化艺术内涵 [A]. 重庆：中国民族建筑研究会第二十届学术年会，2017.

[154] 刘琪 . 基于环境行为学的云南典型合院民居空间研究 [D]. 昆明：昆明理工大学，2017.

[155] 卢科全 . 黄河上游地区民间宗祠建筑空间与文化研究 [D]. 西安：西安建筑科技大学，2017.

[156] 吕晓洁 . 陕西传统民居木窗艺术研究 [D]. 西安：西安工程大学，2017.

[157] 宋天明 . 兴城古城保护的得失与更新发展的思考 [J]. 太原：山西建筑，2017.

[158] 苏显双 . 匾额书法文化研究 [D]. 吉林：吉林大学，2017.

[159] 王倩倩 . 民俗文化中的吉祥艺术在民居建筑装饰中的图形表现——以徐州户部山民居为例 [J]. 石家庄：大众文艺，2017.

[160] 王乔 . 涉县宋家村传统聚落与民居研究 [D]. 邯郸：河北工程大学，2017.

[161] 王新宇 . 陕西党家村传统民居上马石装饰艺术研究 [D]. 重庆：重庆师范大学，2017.

[162] 谢空，李晓娜 . 冀南传统砖石古建筑之峰峰玉皇阁考察 [J]. 太原：山西建筑，2017.

[163] 薛晓娜 . 冀南地区沟谷窑洞型传统村落保护与更新规划研究 [D]. 邯郸：河北工程大学，2017.

[164] 袁彦廷 . 冀南武安清末民初大院民居研究 [D]. 西安：西安建筑科技大学，2017.

[165] 张东 . 中原地区传统村落空间形态研究 [M]. 北京：中国建筑工业出版社，2017.

[166] 赵宁 . 胶东半岛海草房建造理念及保护策略研究 [D]. 哈尔滨：哈尔滨工业大学，2017.

[167] 周振辉，兰晓娜 . 传统民居建筑中的文化与艺术——以福山村为例 [A]. 济南：2017 年山东社科论坛——首届“传统建筑与非遗传承”学术研讨会论文集 [C].2017.

[168] 陈霞 . 蔚县古村落形态特征及再利用方式研究 [D]. 邯郸：河北工程大学，2018.

[169] 陈宇峰，郭华瑜 . 明代三都历代帝王庙建筑形制源流 [J]. 北京：遗产与保护研究，2018.

[170] 冯英 . 清代匾额书法研究 [D]. 山东：曲阜师范大学，2018.

[171] 郝祥 . 传统村落民居建筑中影壁研究——以邯郸地区为例 [D]. 邯郸：河北工程大学，2018.

[172] 李荟 . 祠庙 · 信仰与民族融合 [D]. 太原：太原理工大学，2018.

[173] 李奕慧 . 恭王府府邸建筑装饰艺术研究 [D]. 北京：北京建筑大学，2018.

[174] 马玉洁，苏继红 . 乡村振兴战略背景下的磁州窑特色村落再生策略研究 [J]. 合肥：安徽建筑，2018.

[175] 马玉洁，杨彩虹，梁莉华 . 彭城磁州窑工作洞生产性空间价值解析 [J]. 北京：装饰，2018.

[176] 马玉洁，杨彩虹 . 彭城“千年窑场”选址与布局解析 [J]. 北京：建筑与文化，2018.

[177] 马玉洁 . 磁州窑文化视域下古典茶楼建筑风格探析 [J]. 福州：福建茶叶，2018.

[178] 孟淑华，闫涵，杨彩虹等 . 磁州窑（彭城镇）笼盔的调查与解析 [J]. 合肥：安徽建筑，2018.

[179] 宁鑫 . 四川汉传佛教寺庙园林建筑装饰研究 [D]. 成都：西南交通大学，2018.

[180] 孙键 . 绥中三道岗沉船与元代海上贸易 [J]. 北京：博物院，2018.

[181] 王瑶 . 基于磁州窑的文创产品设计研究 [D]. 长沙：中南林业科技大学，2018.

[182] 夏强，王东焱 . 乡土元素视角下古村景观特色营造探析——以云南建水碗窑村为例 [J]. 郑州：美与时代 (城市版)，2018.

[183] 徐进，蔡洁 . 景德镇进坑古村的保护与旅游景观设计研究 [J]. 太原：山西建筑，2018.

[184] 吴国荣，陈惠 . 山西晋祠建筑形制及其祭祀文化考论 [J]. 南京：艺术百家，2019.

[185] C.T.Onions (Editor) G.W.S.Friedrichsen (Assistant)/ R.W.Burchfield(Assistant). The Oxford Dictionary of English Etymology[M]. New York：OUP Oxford，1966.

[186] Everson J. and Fitzgerald B. Settlement Patterns[M].London：Longlnan. 1969.

[187] Hans Jürgen Hansen. Architecture in Wood[M]. New York：The Viking Press，1971.

[188] Susanne K. Langer. Mind：An Essay on Human Feeling[M]. New York：The Johns Hopkins University Press，1982.

[189] Falk N. Baltimore and Lowell：Two American approaches[J]. Built Environment，1986.

[190] W.South Coblin.A Sinologist's Handlist of Sino-Tibetan Lexical Comparisons[M]. New York：Maney Monumenta Serica，1986.

[191] Roberts B K. The Making of the English Village[M]. London：Longman，1987.

[192] Robert Temple.The Genius of China[M]. New York：Touchstone Books，1989.

[193] Ashworth G J，Tunbridge J E.The tourist-historic city[M]. London：Belhaven Press，1990.

[194] Robert W. Gill.The Thames and Hudson Manual of Rendering With Pen and Ink[M]. The United States：W W Norton & Co Inc，1990.

[195] Meeting.Review and Exploration of the Development of Planning for the Conservation of the Famous Historical and Cultural Cities in China[J]. China City Planning Review，1994.

[196] Review and Exploration of the Development of Planning for the Conservation of the Famous Historical and Cultural Cities in China[J]. China City Planning Review，1994.

[197] Steven Tiesdell.Tension between revitalization and conservation[J]. Cities，1995.

[198] Ian Strange.Local politics，new agendas and strategies for change in English historic cities[J]. Cities，1996.

[199] Kevin Meethan.Consuming the civilized city[J].Annals of tourism research，1996.

[200] Integration of space syntax into GIS for modelling urban spaces[J]. International Journal of Applied Earth Observations and Geoinformation，2000.

[201] BinJiang，ChristopheClaramunt.Integration of Space Syntax into GIS：New Perspectives for Urban

Morphology[J].Transactions in GIS, 2002.

[202] Issues on Repair and Restoration of Architectural Heritage[J]. China City Planning Review, 2006.

[203] Nicholas Standaert and Ad Dudink, ed.Forgive Us Our Sins[M]. New York: Institut Monumenta Serica, 2006.

[204] Qian Fang.Issues on Repair and Restoration of Architectural Heritage[J]. China City Planning Review, 2006.

[205] Dalia Dijokienė. Historic Suburbs in the Structure of Old Towns[J]. Town Planning and Architecture, 2009.

[206] Bernard Rudofsky. Architecture Without Architects: A Short Introduction to Non-Pedigreed Architecture[M]. New York: Rizzoli, 2010.

[207] Wei Yan, Ajit Behera, Pankaj Rajan. Recording and documenting the chromatic information of architectural heritage[J]. Journal of Cultural Heritage, 2010.

[208] Livio De Luca, Chawee Busayarat, Chiara Stefani, Philippe Véron, Michel Florenzano. A semantic-based platform for the digital analysis of architectural heritage[J]. Computers & Graphics, 2011.

[209] R. Abdul-Rashid, A.G. Ahmad.The Implementation of Maintenance Works for Historical Buildings —A Review on the Current Scenario[J]. Procedia Engineering, 2011.

[210] Zhang Li.The empirical research on the application of Relay Technology to house decoration[C]. 2011 3rd International Conference on Computer Research and Development, 2011.

[211] Guangya Zhu.China’s architectural heritage conservation movement[J]. Frontiers of Architectural Research, 2012.

[212] Peter G. Rowe, Har Ye Kan.Accommodation of China's Industrial Heritage in Urban Conservation Practices [J]. China City Planning Review, 2012.

[213] Yun Li.Gu. National Cultural Fusion and Green Building-the Study of some Old House in Nanning[J]. Advanced Materials Research, 2012.

[214] Zalina Samadi, Rodzyah Mohd Yunus. Physical and Spiritual Attributes of Urban Heritage Street's Revitalization[J]. Procedia - Social and Behavioral Sciences, 2012.

[215] Rong Du, Jin-ping Wang.From the view of Qujia courtyard house of Shan Xi dwellings traditional cultural value[C]. Materials design, processing and applications, 2013: 833-837.

[216] Stefano Sorace, Gloria Terenzi. Structural assessment of a modern heritage building[J]. Engineering Structures, 2013.

[217] Yun YE, Xingyu LIU. Development of Social Life Circumstance of Urban Fringe Settlements in China Central Region[J]. Canadian Social Science, 2013.

[218] ZHU Yunfeng.Gardening Art of Gu Dongyang's Memorial Temple in Wuxi City, Jiangsu Province[J].Journal of Landscape Research, 2013.

[219] Adam Jacoby, Rachel Campbell Hooper, Jeremiah Joyce, Remco Bleeker, Ope A. Asanbe, Hector L. Osoria, Tarek Elshazly, Jason A. Spector. Creation of Hierarchical Microchannel Architecture within Tissue-Engineered Hydrogels using Melt-Spun Sacrificial Fibers[J]. Journal of the American College of Surgeons, 2014.

[220] Denise Nathan.Bringing windows to life[J]. Australian printer, 2014.

[221] Diego Tamburini, Jeannette Jacqueline ucejko, Francesca Modugno, et al.Microscopic techniques (LM, SEM) and a multi-analytical approach (EDX, FTIR, GC/MS, Py-GC/MS) to characterise the decoration technique of the wooden ceiling of the House of the Telephus Relief in Herculaneum (Italy)[J]. Microchemical Journal: Devoted to the Application of Microtechniques in all Branches of Science, 2014.

[222] Mohga E. Embaby. Heritage conservation and architectural education: "An educational methodology for design studios" [J]. HBRC Journal. 2014.

[223] Nick R.Smith. Change and Continuity: Chinese Villages in Transition (Ⅳ) –Wanmin Village[J]. China City Planning Review. 2014.

[224] Tracy Miller. Perfecting the Mountain: On the Morphology of Towering Temples in East Asia[J]. 北京：中国建筑史论汇刊, 2014.

[225] Zhang, Mingmin, Pan, Zhigeng, Huang, Xixi, et al. Easy Home: an online virtual home decoration system[J]. New York: Computer animation and virtual worlds, 2014.

[226] Delin Lai.Ritual Reconstruction and the Architecture and Art of Republican China[J]. 北京：中国建筑史论汇刊, 2015.

[227] Juan Lou. An Analysis on Henan Buddhist Temples and Mountain-style Garden Space Combination. Singapore Management and Sports Science Institute, Singapore Information, Business and Management (Lecture Notes in Management Science Volume 49) 下 [C]. Singapore Management and Sports Science Institute, Singapore, 2015.

[228] Ju Seo Ryeung. Continuation and Transformation of Traditional Elements in Colonial Vernacular Houses in Kampong Bharu, Malaysia[J]. Journal of Asian Architecture and Building Engineering, 2015.

[229] Karbo, Tony. Variations in Violent Conflicts in Africa the Relative Influence of Political and Environmental Factors[J]. Environmental Pollution, 2015.

[230] Milja Penića, Golovina Svetlana, Vera Murgul. Revitalization of Historic Buildings as an Approach to Preserve Cultural and Historical Heritage[J]. Procedia Engineering, 2015.

[231] M.J. Varas-Muriel, E.M. Pérez-Monserrat, C. Vázquez-Calvo, R. Fort. Effect of conservation treatments on heritage stone. Characterisation of decay processes in a case study[J]. Construction and Building Materials, 2015.

[232] Roman Malek.The Chinese Face of Jesus Christ[M]. New York: Maney-Monumenta Serica, 2015.

[233] Ting Yang, Long Yu Guan, Han Lin, et al.Failure of natural ventilation strategy in a sustainable house in China[J]. International journal of low carbon technologies, 2015.

[234] Fuyan Yu. Study on the Architectural Arts and Characteristics of Taihao Ling Temple in Huaiyang. 国际科学与文化学术交流中心，郑州大学美术学院 .Proceedings of the 201 62nd International Conference: Arts, Design and Contemporary Education (ICADCE 201 6)[C]. 国际科学与文化学术交流中心，郑州大学美术学院，2016.

[235] Marta Acierno, Stefano Cursi, Davide Simeone, Donatella Fiorani. Architectural heritage knowledge modelling: An ontology-based framework for conservation process[J]. Journal of Cultural Heritage, 2016.

[236] Sheng-rong Qiu, Shui-sheng Fan.Recreational value estimation of suburban leisure agriculture: a case study of the Qianjiangyue agritourism farm[J]. Journal of Mountain Science, 2016.

[237] YM.Yeong. The Assessment of Young Generation Understanding and Awareness toward Artistic Ornamental of Taoist Chinese temple from 1800-1900AD in Klang Valley, Malay sia.Eminent Association of Pioneers Limited. Proceedings of International Social Science, Humanity and Education Research Congress [C]. Eminent Association of Pioneers Limited, 2016.

[238] Zeynep Yazıcıoğlu Halu, Ayşe Gülçin Küçükkaya. Public Participation of Young People for Architectural Heritage Conservation[J]. Procedia - Social and Behavioral Sciences, 2016.

[239] ZHOU Bo, KUANG Hong ying, ZHANG Ling, ZOU Lili, XIE Xiao gang. Correlation between Ancestral Temple Worship Sacrifice Culture and Clan Etiquettes in Traditional Settlements of Jiangxi Province[J].Journal of Landscape Research, 2016.

[240] LU Si'ao, LUO Qi, NI Shao min.Study on Continuity of Temple of Local Land God in Rural Construction Based on the Perspective of Place Spirit[J].Journal of Landscape Re search, 2017.

[241] Xiaoqian Yang. Study on Hankou Digital Building Repair Technology[P]. 3rd International Conference on Social Science and Technology Education (ICSSTE 2017), 2017.

[242] Xuelan Yang. Landscape Art in Chinese Buddhist Temples. Wuhan Zhicheng Times Cultural Development Co., Ltd., Proceedings of 2017 International Conference on Sports, Ar ts, Education and Management Engineering(SAEME 2017)[C].Wuhan Zhicheng Times Cul tural Development Co., Ltd., 2017.

[243] Glass Magazine Group.Winco Window Thinks Big with Micro-housing[J]. Glass Magazine, 2018.

[244] Katie Graham, Lara Chow, Stephen Fai. Level of detail, information and accuracy in building information modelling of existing and heritage buildings[J]. Journal of Cultural Heritage Management and Sustainable Development, 2018.

[245] Madlen Kobi. Building transregional and historical connections: Uyghur architecture in urban Xinjiang[J]. Central Asian Survey, 2018.

[246] Yang Yuzhen.A Preliminary Exploration to Chinese Historical City Maps[J].China City Planning Review, 2018.

[247] Yulia Kosenkova. Changes in the Idea of a Soviet City in 1960s — Early 1970s[A]. State Institute for Art Studies(Russia). Proceedings of 2nd International Conference on Art Studies: Science, Experience, Education (ICASSEE 2018) (Advances in Social Science, Education and Humanities 90 Research, VOL.284) [C].State Institute for Art Studies(Russia): International Science and Culture for Academic Contacts, 2018.

[248] C.Treesatayapun. Robotic architecture as unknown discrete-time system based on variable-frequency drive and adaptive controller[J]. Robotics and Computer-Integrated Manufacturing, 2020.

[249] Liang Xiao, Duo Wang, Ming Li, Bohua Deng, Jinping Liu. Hybrid architecture design enhances the areal capacity and cycling life of low-overpotential nanoarray oxygen electrode for lithium–oxygen batteries[J]. Journal of Energy Chemistry, 2020.

[250] Naghmeh Niknejad, Waidah Ismail, Imran Ghani, Behzad Nazari, Mahadi Bahari, Ab Razak Bin Che Hussin. Understanding Service-Oriented Architecture (SOA): A systematic literature review and directions for further investigation[J]. Information Systems, 2020.